飯舘を掘る

天明の飢饉と福島原発

佐藤昌明

現代書館

飯舘を掘る

——天明の飢饉と福島原発

＊目次

プロローグ　わが故郷　飯舘村

放射能で全村避難

郷里は、福島県飯舘村である。15歳まで過ごした。村を離れたのは、中学を卒業して高校に進学するためだった。実家は農家で、父と母、兄が田んぼを耕し、牛を育てていた。村には、学校時代のたくさんの同級生がいた。親戚もたくさんいた。地域の人たちみんなが顔見知りだった。特別の名所・旧跡があるわけでもない。有名人の出身地でもない。「なーんにもないのが飯舘村の特徴」と言われた。何もないけれど、事件も事故もなーんにも起きない平和な村だった。昔々から貧しい山村だったけれど、人々はみんなで支え合って生きていた。あの日あの時が来るまでは――。

2011年3月11日、東日本大震災が発生、マグニチュード9・0の巨大地震は大津波を引き起こし、岩手、宮城、福島県を中心とした太平洋側沿岸部を襲った。1000年に一度と言われる大地震は、各地に未曽有の被害をもたらした。そして原発事故が発生。

「プロローグ」では、まず震災発生当時の私自身の体験を思い起こすところから始めたい。それが本書のテーマの大前提になるからだ。

大震災発生の翌12日午後3時36分、東京電力福島第1原子力発電所の原子炉で水素爆発。そのニュースは衝撃波のごとく国内外を駆け巡った。民主党・菅直人政権下、枝野幸男官房長官が記者会見、「何らかの爆発的事象があった。政府、東京電力が総力を挙げて万全の対応に努めている。落ち着いて対応してほしい」とテレビ中継を通じて国民に呼び掛けた。

原発が水素爆発？　「もしかしたら郷里の村が……」。不安が脳裏をよぎった。

事故を起こした福島第1原発は福島県の浜通り、大熊町と双葉町に立地していた。そこでつくられた電気は、すべて東京電力管内の関東地方へ送られる。地震と津波で、大熊町の1号機（出力46万キロワット）、3号機（出力78・4万キロワット）、4号機（出力同）が水素爆発、1号機、2号機（出力同）、3号機が炉心熔融（メルトダウン）を起こした。

飯舘村は太平洋岸からずっと西へ行った所、阿武隈山地の真ん中にある。原発から北西に28～47キロの距離。村の中に原発が立地しているわけではない。原発交付金を受けているわけでもない。原発で働いていた人が何人かはいたが、村全体の雇用創出に貢献していると言えるほどではない。原発のある大熊町や双葉町に行くには幾つもの山を越えなくてはならず、簡単に通勤できるような地理的条件になっていないからだ。原発と飯舘村は、直接には関係がない。それが、折から北西方向に風が吹き、原発の爆発事故現場から放射性汚染物質を載せて村の上空を吹き抜けた。放射性物質が舞い上がった時の風の向きが人々の運命を変えた。人口6000人の村。原発事故を境に人々の暮らしは一変した。

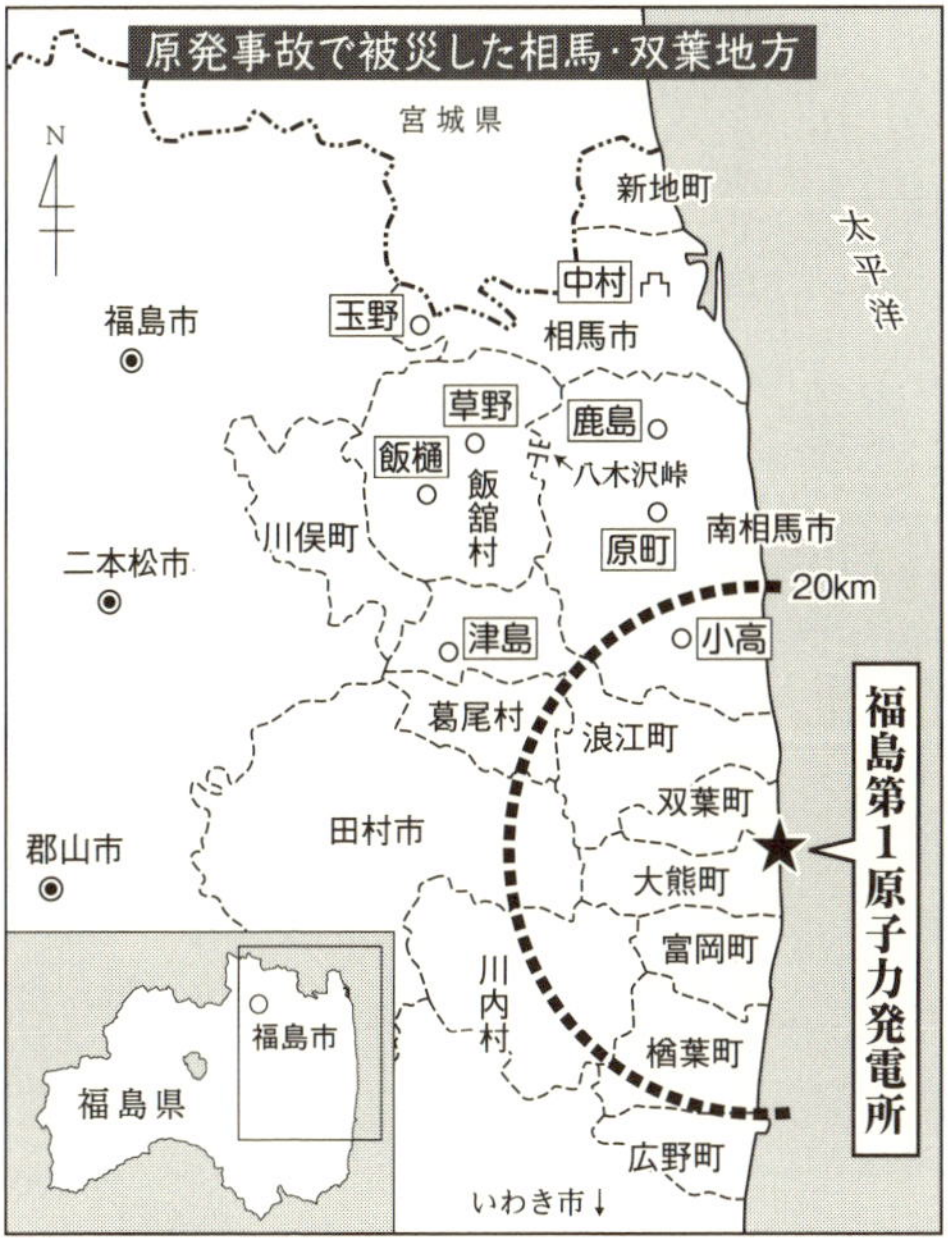

東日本大震災が発生した日、私は仙台市に本社を置く新聞社に勤務、本社6階の編集局にいた。激しい揺れに驚き、机の下に潜った。機器や資料棚が、ひっくり返るようにして倒れた。気味の悪いほどの大きな横揺れで、揺れが異常に大きく長く、かつて経験したことのない大地震だった。「遺書を書く時間も与えてくれないのか」。死の瞬間さえ予感した。

社内放送で、駐車場に待機する

ように指示があった。駐車場には出たが、地面が上下に揺れた。時折、粉雪が舞う。寒さと余震にブルブル震えた。2時間ほど経過、日没近くになって社屋に戻り、朝刊制作の作業に入った。災害時に新聞発行を助け合う相互支援協定を結んでいた新潟県の新聞社の協力を得て、全社員が新聞発行に総力を挙げた。作業は深夜、未明に及んだ。

帰宅した私は、日記に走り書きした。

「津波による被害を中心に、死者・不明1万人を超える様相」

電気、ガス、水道のライフラインがストップ、自宅近くの小学校が地域住民の避難所になった。市民生活は混乱を極め、人々は食料、使い捨てカイロ、ティッシュペーパーなど日用品を求めて買い出しに走った。スーパーやコンビニの店頭は、たちまち物がなくなった。個人商店の前にも長蛇の列ができた。ガソリンがない。車が使えない。東北新幹線も在来線も動かない。大震災の圏外に脱出しようとする人々は、高速バスのバス停に長々と並んだ。まるで映画の一シーンを見るよう。太平洋戦争中、空襲を受けた直後の被災都市のような情景が目の前にあった。

混乱のさなかに飛び込んだ福島第1原発爆発のニュースは、人々の心に暗雲のように覆い被さった。放射能の拡散が次々報道された。

「福島産の農産物は食べられない」。時が経つほど、災害の規模の大きさが明らかになり、風評被害が瞬く間に拡大した。新聞社の中に居ながら、私は原発事故のニュースに目と耳をふさいだ。聞きたくなかった。「福島ナンバーの車がスーパーの駐車場に入れてくれない」、「宅配業者が、福島県行きはお断りと言っている」、福島県から他県に避難した子供たちが「放射能がうつる、と言っていじめられた」というニュースが全国に流れた。

大震災発生から6日経った3月17日の日記にこうある。

「昼前から雪降り。夕方、市街地も真っ白になった。あまりに無情」

その雪が放射性物質を抱えて郷里の村に降りてしまうのではないか。不安が募る。

日記帳は続く。

「死者・不明1万6000人。戦後最大の自然災害になった。加えて福島第1原発の火災、放射能漏れが続いている。福島県の浜通りは、もう私の生きている間に再生することはないのだろうか。己の人生で、こんな目に遭うとは思わなかった。どこで歯車が狂ったのか」

（3月18日）

「原発事故はまだ収まらない。今朝、また大きな余震があった。末法の世になったのか」

（3月25日）

社内放送で「IAEAの事務局次長が記者会見、日本の福島県飯舘村の土壌で1平方メートル当たり200万ベクレルを超える高濃度の放射性物質が検出された。避難基準の2

倍に相当する」というニュースが共同通信経由で伝わって来た。そのニュースが全世界に配信された。（3月30日）

「自宅近くにあるお寺のお地蔵さんの前を通った。原発事故が鎮静化するよう賽銭を入れた。涙があふれた」（4月2日）

「原発事故が収まらない。これからどうなるのか、神のみぞ知る。イヤ、神も知らないかもしれない」（4月5日）

「震災のニュースをテレビの映像で見た。泣きたくても、涙も出ない」（4月7日）

「福島」に対する差別は、ニュースの世界だけではない。私の身辺にも迫っていた。出社前、買い出しに走った。自宅近くの神社境内に臨時の農産物直売所が開設され、日本海側の山形県から来た人たちが野菜や果物を売っていた。係の若い女性が「福島産とは違います。大丈夫、安心して！」と大根を持って声を張り上げた。周りの人たちはクスクスッと笑う。いたたまれなくなり、私はその場を離れた。ある所では「福島の食べ物は買って来ないで！」と言われ、別の所では「福島出身の人だけ皿を別にしよう」と言われ、ある人には「どうせ福島の人間は（農産物の放射線量のデータを）ごまかして売って歩くんだろう」と言われた。そこまで言われなければならないのだろうか。自分の側に落ち度がないのに一方的に不当な扱いを受ける。「差別」とはこういうものなのかと実感した。不条理さに、私の心は傷付いた。

実家のある飯舘村は、その頃パニックに陥っていた。3月12日の原発の水素爆発後、高濃度の放射性物質が飯舘村の上空を吹き抜けた。役場近くにある村の放射線量測定装置の数値が急激に上がった。「とにかく逃げよう」。人々は福島、郡山市方面の中通りへ。新潟県、北関東、親戚を頼って北海道へ。娘の嫁ぎ先、九州の鹿児島市へ向かった人もいた。

4月11日、政府は飯舘村に、1カ月以内の全村避難を要請した。原発事故後、私が実家に帰省したのは全村避難要請の5日後、16日だった。

仙台を高速道路で南下、福島市方面から飯舘村に入った。梅の花が咲き、牛がいた。ふるさとの風景は、以前とそれほどは変わらない。地面が盛り上がったり、道路に亀裂が走ったり、住宅の屋根瓦が崩れ落ちたりしていたが、もともと阿武隈山地は地盤が固く、過去にも地震被害はそう大きなものはなかった。しかし、本当の震災被害は外見では分からない。村人が闘っていたのは、津波や余震ではなく、放射能という「見えない敵」だった。

父と母に会った。二人とも、思ったよりは元気に見えた。あるいは元気さを取り繕っていたのかもしれない。その日は全村避難の要請について福山哲郎・内閣官房副長官が役場の隣にある飯舘中学校の体育館を会場に説明会を開催していた。取材に殺到したマスコミ各社の車が駐車場にあふれんばかりであった。私は、取材するために実家に帰ったわけではない。

この日は、親戚や友達の家を訪ねて安否を確認して歩いた。

帰路は、浜通りの南相馬市に下り、相馬市を通って宮城県に入り、山元町、亘理町と国道6号を北上した。漁船が国道6号のすぐ横まで打ち寄せられ、ひっくり返っていた。田んぼは津波でやられ、見る影もない。遠く見渡す海岸線の防風林は、津波で倒され歯の抜けた櫛のように見えた。仙台に近づくと、津波で流された車が田んぼの畦に何十台、何百台とひっくり返っていた。見るに堪えない。まるで「車の墓場」である。その情景を見て、とてつもない被害をもたらした大震災であることを知った。

実家へ、2回目に帰省したのは5月21、22日だった。1泊した。

飯舘村は全村が原発事故により計画的避難区域に指定され、間もなく父と母、兄は福島市内に避難することになった。牛は市場に出して処分することにした。兄はよく、村一番の牛を育てた。兄がかわいがっていた牛たち。「わが家の牛を見るのも、これが最後か」と牛小屋の前でカメラのシャッターを切った。それ以外、何もするすべはなかった。

実家から150メートルばかり離れた所に小・中学の同級生がいた。乳牛を飼う畜産農家で、家を訪ねると「1週間ばかり不眠が続いていた……」と話した。母親と孫は、既に神奈川県に避難した。自分と奥さんは、まだ行き先は決まっていないという。そうこう話しているうちに、映画監督の古居みずえさん（島根県出身、石橋湛山記念早稲田ジャーナリズム大賞受賞）の取材チームがやって来た。古居さんはパレスチナ難民をテーマに映画記録を撮っている女性で、そこでは同級生の奥さんが取材対象だった。これから飯舘村に通い、女性を中心に「原発難民」となる人々を取材、記録映画を作るのだという（映画は「飯舘村の母ちゃんたち」の題で制作された）。

「同級生に会えるのは、もう二度とないのだろうか」。そう思った私は、古居さんに頼んで、同級生夫婦と並んだ写真を撮っていただいた。

同級生の家を辞した。帰宅途中、実家前の路上で「いやあ、お世話になっています。ナカハタです」と声を掛けられた。背の高い60歳前後の男だった。飯舘村は原発事故の影響で、もう農業ができない村になった。その男は福島県南で畜産関係の仕事をしていた人で、原発事故が起こると間もなく村にやって来て、使う必要のなくなったトラクターや耕運機などの農機具を買い集めていた。村で買い集め、他所で転売するのだろう。わが家でも一部の農機具をその男に売却した。買値の3分の1ほどだったという。暗澹たる思いであった。「ナカハタ」と名乗ったその男は、プロ野球巨人軍の元選手、ＤｅＮＡの監督も務めた中畑清さんの実兄である。後で聞かされた。そう言えば外見、容貌が実によく似ていた。

田んぼ道を歩き、母校の小学校へ。子供の頃に遊んだグラウンドは変わらない。そこからすぐ近く、菩提寺の裏手にある村の共同墓地に行った。幼い頃、私をかわいがってくれた曽祖父母と祖父母の墓参りをした。「村が原発事故の被害に遭うなんて、ひい爺ちゃんもひい婆ちゃんも、爺ちゃんも婆ちゃんも、きっと思いもしなかっただろう」と墓石の前で手を合わせ、つぶやいた。「今度、いつ来られるか分からない」。そう思った。

実家で最後の夜を過ごした。居間で電灯を一つ灯し、父と母と兄と4人。私が帰省の途中、隣町のスーパーで買って来た刺し身をテーブルの上に出し、つまみながら食事をした。父が「旨い刺し身だ」とぽつんと語ったこと以外、誰も何も言わない。言葉が出なかった。もともと朴訥だった兄は、以前にもまして話をしない。ほとんど無口になった。

翌日、集落を歩く。地元紙、全国紙の記者、ＮＨＫ、民放各テレビ局の記者が農家、商店、そば店などへ頻繁に出入り、取材して回っていた。政府から全村避難を指示され、今まで経験したことのない取材攻勢を受け、戸惑うばかりの村人。先の見通しの立たないまま、人々は全国各地へ、ちりぢりに散って避難した。

わがふるさと、飯舘村は農業以外、これといった産業はない。若者の多くは都会に出た。過疎が進む。高地にあるため、天候不順の年は稲作を直撃、しばしば冷害に襲われた。農家の人たちは、稲作の限界を感じた。米価が上がらないこともあっただろう。稲作に比べて、比較的天候に影響されない畜産へと次第にシフトしていった。肉用牛「飯舘牛」をブランド化しようと育て、肉質のよさをアピールして需要拡大を図った。飯舘牛は「全国版」となって普及、知名度は確実に上がりつつあった。

一方、村役場が音頭を取り、村おこしの一環で「若妻の翼」事業が行われた。農家に嫁いだ若いお嫁さんたちにヨーロッパ旅行を体験してもらい、お嫁さん本人、家族、地域住民の意識改革を促そうというユニークな事業で、多くのメディアで取り上げられ、話題になった。「飯舘牛」のブランド化や「若妻の翼」による意識改革、話題づくり。それらが一つひとつ軌道に乗り、実を結びつつあった。過疎と闘いながら、血と汗を積み重ね、村人は必死にはい上がろうとしていた。それを一瞬にして破壊し、吹き飛ばしたのが原発事故であった。なーんにもない村が、原発事故で一躍クローズアップされた。「悲劇の村、飯舘村の人々」という冠が付けられ、日本で一番有名な村になってしまった。

40年前、あの原発を見た

東日本大震災、原発事故の発生をさかのぼること40年前、私は事故を起こした福島第1原発を見たことがある。記憶をたどり、昔の日記を引っ張り出してその記録を見つけた。

「1971年6月13日」のページにあった。

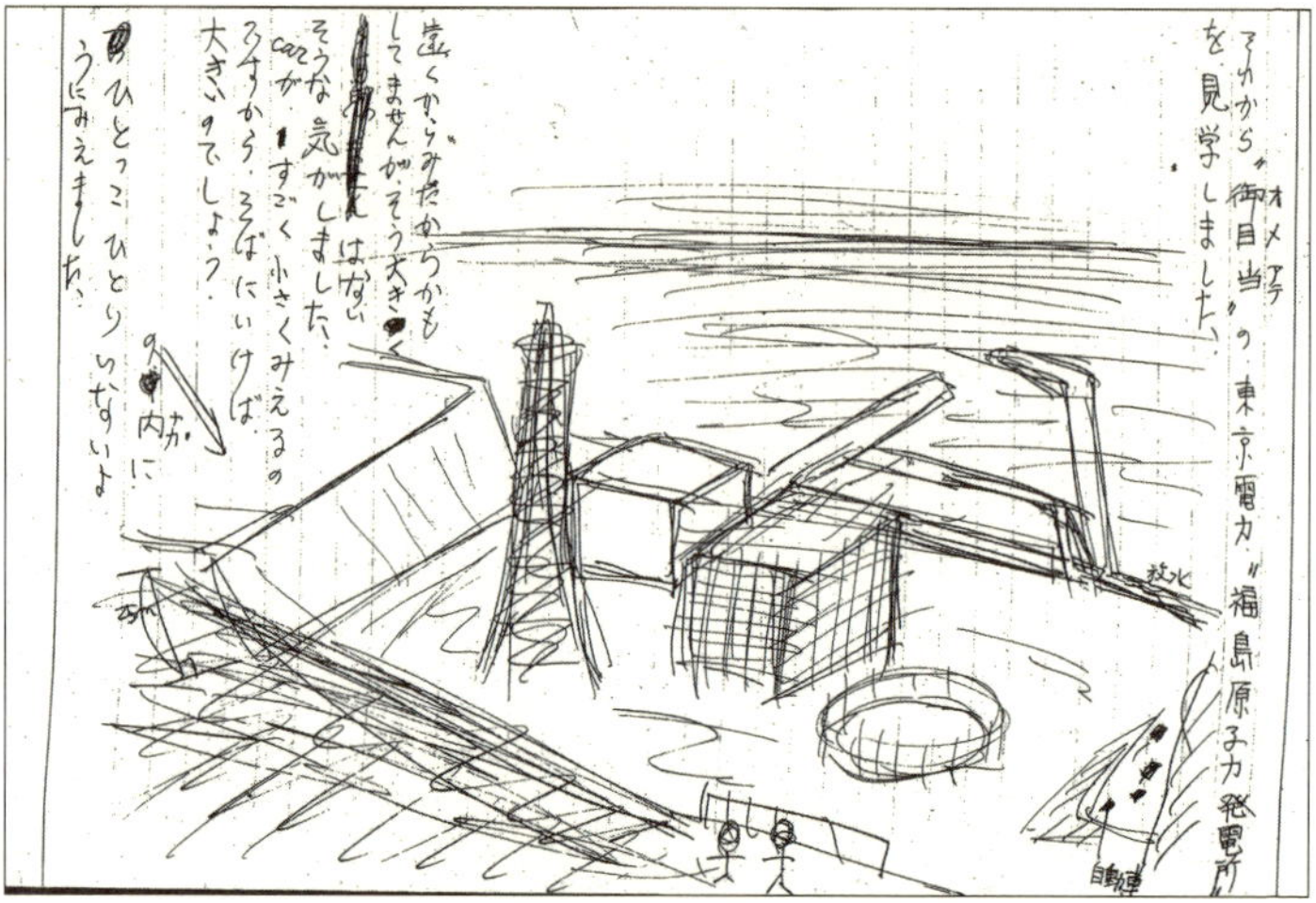
それから"御目当"の東京電力"福島原子力発電所"を見学しました。

高校時代に描いた福島第1原発のスケッチ（1971年）

私は高校1年生。日曜日の早朝、父と母、兄と妹と私の5人で、父の運転する車に乗り、自宅を出発した。山道を上り下り、また上り下り、峠を二つ越えて南隣の浪江町津島地区に出た。そこから渓谷に沿って国道114号を下る。途中、ドライブインに立ち寄って5人でラーメンを食べた。それから平野部へ出て、双葉町、大熊町へ。ゲートを入り集合場所に到着した。東京電力の職員に、福島第1原発を見下ろす高台に案内された。原発の建屋は、四角い白い箱のように見えた。

私は、原発の様子を日記帳に描き、スケッチを残していた。描いていたのは港に向かって立つ福島第1原発の1、2号機であった。スケッチに添え書きしていた。

「……それから〝御目当〟の東京電力〝福

島原子力発電所〟を見学しました。遠くからみたからかもしれませんが、そう大きくはないような気がしました。ｃａｒがすごく小さくみえるのですから、そばに行けば大きいのでしょう。内に（「敷地内に」の意味）、ひとっこひとりいないようにみえました」

遠くからで、全体があまり大きく見えなかったと書いているが、高校生の私は、原発というから化け物のような大きな建造物を勝手に想像していたのかもしれない。スケッチの右下の隅に描かれている車の大きさを見れば分かるように、実際はかなり大きな建物なのだろう（原子炉建屋は地上5階、高さ45メートル）。私は「ひとっこひとりいないよう」と書いている。敷地内に人間が誰も見えないことが不気味に見えた。無機質な巨大な空間がそこにあったのを覚えている。

東京電力は原発の周辺町村に住む住民を対象に原発を見学させ、「安全性」を広報、休日の度に見学会を開いた。あの時間帯は私の家族のほか、全体で30人ぐらいは見学に来ていたと思う。見学者の一人が「放射能の汚染水は大丈夫ですか？」と質問した。その質問に対して職員が「原発を巡る排水は港に流しています。海水で希釈されるので、問題はありません」と答えていたのを、おぼろげながら記憶している。高校1年の少年だった私は「本当に大丈夫なのかな？」と頭の中で考えたが、それ以上のことが分かるはずはなかった。見学者から次の質問は出ず、誰も何も言い様がない雰囲気だった。

原発事故の後、避難を前にしたふるさととの別れの夜、父が、母と兄と私の前で「昔、原発を見に行ったことがあったなあ」とぽつんと話した。しかし、それ以上のことは誰も何も言わなかった。

東京電力福島第1原発の1号機運転開始は1971年3月だった。私が家族と原発見学に行ったのはその3カ月後のこと。原発事故が発生したのは、それから40年後のことであった。

*

東日本大震災は、私が新聞記者として働いていた31年目の春に起きた出来事だった。それまで殺人事件、汚職事件、暴力団抗争、自然保護、選挙、甲子園に出張しての高校野球の取材、作家や芸術家のインタビュー、皇室取材までした。長い記者生活でさまざまな分野の取材を体験したが、自分の故郷が原発事故という大災害に遭遇し、内外のメディアの取材対象になるとは思いもしなかった。記者としての取材とは第3者の立場からであり、それが客観報道の基本である。ふるさとの近くで、原発事故が起き、自分は一体どんな立ち位置でこの問題に向き合えばいいのか、時に感情の抑えが効かなくなりはしないか、自問自答し、惑いを募らせる日々が続いた。そうしているうちに、幾年かの歳月が流れていった。

事故を起こした原発は、廃炉まで40年以上かかるという。除染した後に残った放射性廃棄物はどうするのか。子供たちへの放射線の影響は出て来ないのか。先の見通しは何も立たない。この問題に早急な解決策など出せるわけはない。なぜ原発事故は起きたのか、特定の人物に責任を帰することのできる問題ではない。電力会社や政府への批判は必要だが、答えを見つけるとすれば「これほどの事故を起こすに至った国家の原発政策を許してきた日本人みんなの責任だ」と私は思う。

私にできること、役割とは何か。それはあの村に生まれ育った新聞記者として、被災した村の人たちが何をどう考え、どう生きようとしているのか、人々の記録を残すことだと思った。ふるさとの歴史をもう一度見つめ直し、先人の教訓を学び取る。アイデンティティー（自分の存在証明）を探る方法だってあるだろう。それが本書を思い立った理由である。

「プロローグ」に、私は「原発事故発生後、3カ月間に自らが体験した出来事」と、「高校時代、40年後にメルトダウンを起こす原発を見たこと」を書いた。この二つの体験が、本書を書く上での「原点」である。太平洋戦争、広島と長崎への原爆投下から70年以上の歳月が流れた。しかし人々は戦争や原爆の悲惨さを風化させまいと、生の体験を語り続けている。原発事故も同じである。命ある限り、それぞれが生の体験を語り続け、記録し、次世代に継ぐべきだと思う。戦争も原爆投下も原発事故も、犯してはならない人間の罪である。その罪を逃れるための「時効」など存在しない。

（文中、太平洋戦争以前は元号を先に、西暦を併記、戦後からは西暦で表記した。登場人物の肩書、年齢などは取材時のままとした）

＊２０１１年・東日本大震災と福島第１原発事故

東日本大震災は２０１１年３月11日14時46分に発生した。地震の規模はマグニチュード９・０、震源は岩手県沖から茨城県沖まで広範囲に及ぶ。栗原市で最大震度7、宮城、福島県から北関東にかけて震度6強を記録、揺れは北海道から九州にかけて全国で観測した。人的被害は岩手、宮城、福島県を中心に死者・不明約１万８０００人。全半壊した建物約30万棟、避難者50万人以上で、戦後最大規模の災害となった。

太平洋岸では巨大津波による被害が各地で出た。岩手県大槌町は全域が壊滅的被害を受け、町長が遺体で発見された。陸前高田市は街ごと津波に流され、残ったのは「奇跡の一本松」ばかりであった。気仙沼市では津波火災で街中が火の海となり、テレビで生中継され、大震災の規模、恐ろしさが全国民に伝えられた。東松島市ではJR仙石線の車両が基盤もろとも押し流された。仙台市周辺では東部沿岸域を中心に被災、津波被害は福島県浜通りの相馬市からいわき市へと及んだ。

巨大地震と巨大津波（13メートル）は、福島県大熊、双葉町に立地する東京電力福島第1原発をも襲った。炉心冷却ができなくなり11日夜、菅直人首相は「原子力緊急事態宣言」を発令、原発から3キロ以内の住民に避難指示、10キロ以内の住民に屋内退避指示を出した。

【大震災発生の翌12日＝15時36分、1号機が水素爆発した。14日＝11時01分、3号機が水素爆発。18時22分、2号機の燃料棒の全露出を確認、コントロール不能に。15日＝6時10分、4号機が水素爆発した。炉心熔融したのは1、2、3号機。事故を起こした福島第1原発周辺から大気中に大量の放射性物質が放出された】

原発が爆発し、大量の避難民が発生した。人々は西へ、阿武隈山地を越え、福島、郡山市方面の中通りを目指した。南はいわき市方面へ。「原発難民」は最大16万4865人（福島県調べ）に達した。原発被災地では役場が機能を果たせず、他の市町へ移転した。大熊町は会津若松市、双葉町は埼玉県加須市。浪江町、富岡町、楢葉町、広野町、川内村、葛尾村も役場機能を移転した。

原発事故は、国際評価尺度（INES）で、旧ソ連のチェルノブイリ原発事故と同じ史上最悪の「レベル7」とされた。それから先のことは誰もが経験したことのない「未知なる闇の世界」であった。

飯舘村は大部分が30キロ圏外にあり事故発生当初、避難指示は出なかった。原発の周辺市町から多数の避難民が押し寄せ、村民は食料を炊き出し、水を供給し、宿泊施設を提供して、全力を挙げて救済に当たった。

原発事故発生から3日後の15日、村内で1時間当たり44・7マイクロシーベルトの高い放射線量を記録する地点があるなど事故の影響が及んでいることが公表されると、今度は自分たちが避難する側に回った。福島、郡山市など中通り方面では、先に避難した人たちがアパートや借家を押さえており、後から避難した飯舘村の人たちは、物件探しに難渋を極めた。混乱が続く中、4月22日、全村が「計画的避難区域」に指定された。5月14日、避難開始、全村民が各地に散った。こうして「原発難民」の生活が始まった。

役場機能は震災発生から3カ月後の6月22日、福島市役所飯野支所へ移転、建物の一部を借りて「飯舘村役場飯野出張所」を開設した。

村役場によると、大震災前年の2010年12月の現住人口は5984人となっている。震災発生から半年後、2011年9月現在では、原発事故による村民の避難先は、福島県内が２５０９戸。内訳は福島市が１５３１戸、伊達市２７５戸、川俣町１７０戸、相馬市２０８戸、南相馬市１４５戸、その他１８０戸。６割が福島市内になっている。住居の形態は、仮設住宅や借り上げ住宅、公的官舎への入居など。仮設住宅は福島市の松川や飯野、伊達市、国見町、川俣町、相馬市の大野台などに設けられた。県外避難は２９５戸、国外２戸。

村内には特別養護老人施設（「いいたてホーム」）に１０７人が残った。ほかに未避難者14戸19人とある。

第1章 ◎ 同級生たち

飯坂温泉で

2014年5月24日、中学時代の同級会が開かれた。大震災から3年後、場所は福島市郊外にある飯坂温泉で、避難している飯舘村民向けに開設された保養施設「いやしの宿いいたて」だった。緑がまぶしい季節、三々五々、温泉宿に同級生たちが集まった。「やあ、久しぶり」「どうしてた。元気だったか」。中学を卒業して以来、10年に1回ぐらいは同級会を開いていた私たちだが、震災後は初めて。同級生97人のうち、震災前に4人が病死・事故死している。残り93人のうち、男9人、女9人の計18人が参加した。畳敷きの和室、テーブルをつなぎ合わせ、その上に料理を盛った大皿を置き、ビールで乾杯した。

同級会を開くために住所録を作った。村に残った者の避難先は福島市内が最も多い。次いで隣接の川俣町、それから伊達市、相馬市、いわき市など。政府から出された全村避難指示を拒み、そのまま村内に留まっている女性がいた。「酪農を続けたい」と、福島県南の中島村に移住した男性がいた。

乾杯の後、一人ずつあいさつに立ち、原発事故後の経過や近況を報告した。

「私は原発事故が起きてすぐ、3月中に知人を頼って新潟県の湯沢町に避難しました。そこに半年間居て、福島県から避難してくる若いお母さんや子供の世話をさせてもらいました。自分にできることはそれだけだと思ったから。飯舘村の情報は何も来ず。半年後、福島市に移りました」

「私は福島市に避難してアパートに住みました。でも同じアパートの住人にうるさい人がいてストレスがたまり、別のアパートに移りました。その後、姉のいる千葉県に別荘を買いました。ストレス解消に時々、千葉に行っています。別荘って言ったって、安い物件だけど」

「私は今、福島市松川の仮設住宅で暮らしています」

「俺は、今は福島市郊外の団地に家を借りて住んでいる。でもいずれは飯舘に帰りたい。娘には、別の所に家を建ててやるつもりだ」

「俺は弟と二人で、もう福島市内に土地を買った。母親は隣町の介護施設に預け、世話してもらっている」

「福島市内の石材会社で働いている。いずれ、二本松市内に家を建てるつもりだ」

「相馬市の仮設住宅にいる。持病の腎臓が悪化して週3回、病院に通い透析を受けている」

「俺は福島市に避難した。アパートで92歳の母親を介護しながら、二人で暮らしている」

「息子は自衛隊員で、岩手県宮古市の津波被災地で救助活動中、殉職した。27歳だった。きょうはどうしても同級会に出て、そのことを話したかった」

「あたしは原発事故の後も、ずっと飯舘の家を離れない。そのままいる。あたしは、放射能なんて関係ないから」（彼女は未避難者であった。原発事故前と同じく農業をしながら地元の精密機器の工場で働いていた）

原発事故後の体験、考え方は人によって実にさまざまである。しかし、原発の存在そのものを非難する意見を述べる者はいなかった。

私もあいさつに立った。「新聞社の中にいて、いつも原発事故のニュースを聞いていた。村の人たちがどうなったのか、毎日毎日、心配していた。きょう、初めてみんなの顔を見て、思ったより元気そうで安心した」と言った。すると隣の席の男性に「心の中では言いたいことがたくさんある。でも、みんな我慢しているんだよ」とたしなめられた。私の発言は、迂闊であった。

その日は遅くまで学校時代のこと、思い出話を語り合った。なるべく悪い話には触れないように、できるだけその時間を楽しく過ごそうと努力しているように思えた。同級会は、故郷を失った私たちの「ネットワークの絆」の役割を果たした。

村の成り立ち

ここで私たちのふるさと、飯舘村とはどんな所なのか、概略を書き留めておきたい。

飯舘村は福島県の東北部、中通りの福島市と、浜通りの相馬地方との間に挟まれた阿武隈山地の真ん中にある。面積は230平方キロで、その75パーセントが森林で覆われている。緩やかな山並みが続き、平均海抜は450メートル。400から600メートルほどの山間部に、幾つもの集落が点在している。平均気温9・6度、東隣の平野部、南相馬市と比べて4度は低い。豪雪地帯とは言えないが、積雪は30センチ前後。冬場の最低気温が氷点下15度程度を記録するのはしばしばで、私が子供の頃は、氷点下21度になったこともある。寒さが極めて厳しく、夏場でも冷涼な気候でヤマセ（偏東風）が吹く冷害の常襲地帯であった。

桜が満開になるのが5月の連休。桜の名所、青森県の弘前公園と同じ時期である。

飯舘村ができたのは1956年9月30日だった。南西部の「飯曽村」と、北東部の「大舘

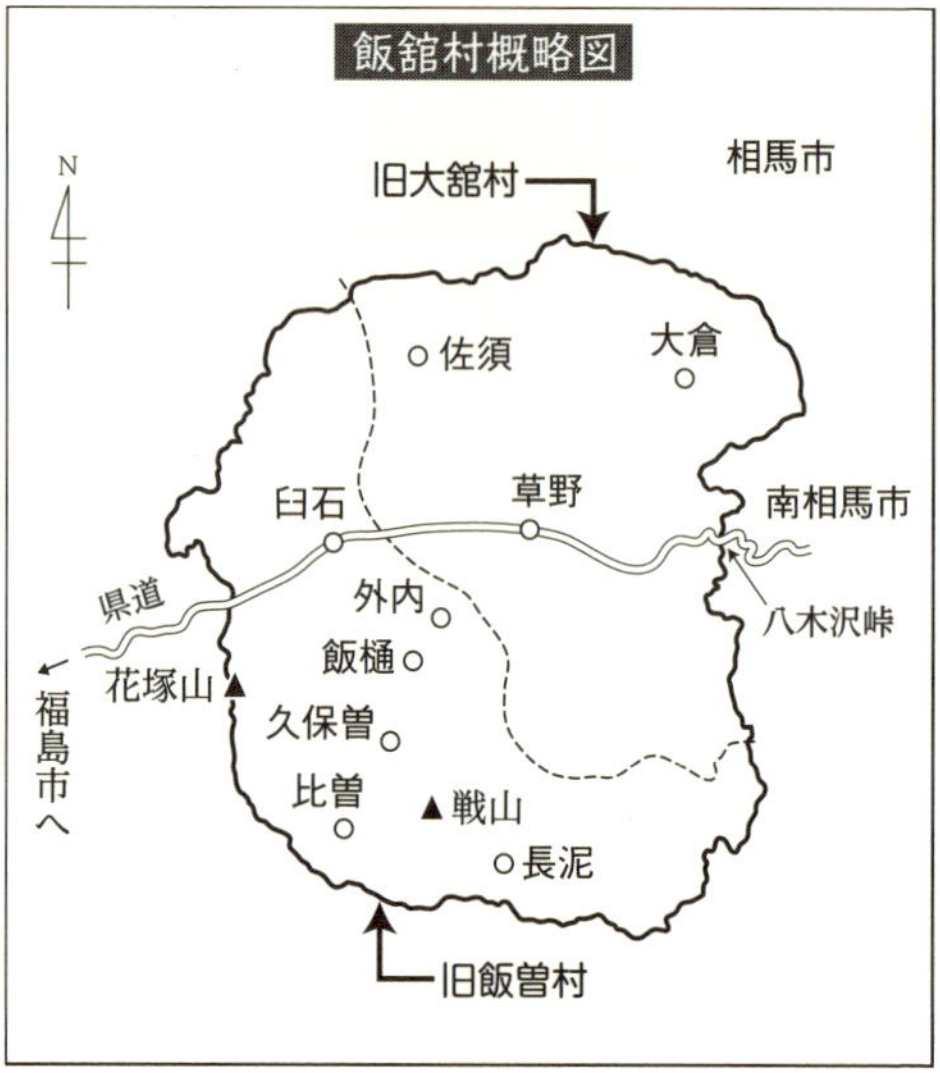

村」が合併、旧村名からそれぞれ1字を取って「飯舘」の名が付いた。合併当時の人口は1万１４０３人。そこがピークで以後、人口は減少していった。私たちは１９５５年4月から翌56年3月の間に生まれた学年だ。私たちの歩いた軌跡が、そのまま村の歴史でもある。

母校の中学の名は「飯樋《いいとい》中学校」と言った。学区は村の南半分、概ね旧飯曽村の範囲に重なる。同級生は97人。中学を卒業すると、進学や就職のため、多くは村を離れ都市部に出た。大震災発生時、村に住んでいたのは37人だった。子供は独立し、これからは自分たちが地域づくりの中心になるはずであった。その時、東日本大震災、福島第1原発事故が起きた。

第1章は、同級生の震災体験を聞き歩き、彼らと彼女らが何を考え、どんな生き方をしようとしているのかを取材することから始めた（この章に限り、登場人物の敬称は略す）。

牛がいない

佐藤美知夫は、飯舘村飯樋地区で酪農に取り組む専業農家だった。私の実家から150メートルと離れていない。子供の頃からの遊び友達だ。乳牛を25頭、和牛（繁殖牛）30頭を飼っていた。しかし大震災、原発事故で牛はいなくなった。農業の生産基盤すべてを失った。自宅の横に立つ4棟の牛舎を案内してくれた。一番手前の牛舎は、トタン板がはがれ、建物は倒壊、屋根がつぶれ落ちたままだ。隣の牛舎に入る。天井も柱も蜘蛛の巣だらけ。行く手の蜘蛛の巣を払いながら進む。柱や梁には電気配線が敷かれていた。「最初はネズミに電気の配線をかじられた。今はネズミもいない。かじる物もなくなったのだろう」と美知夫は言う。地面と建物の隙間から雑草が入り込んで、大きく伸びていた。牛の名前を書いた看板（プレート）や、黒板に書いた作業日程の文字は大震災当時のまま。搾乳に使ったパイプラインや農機具が散在していた。搾乳した牛乳を入れるクーラー（冷蔵庫）は「隣町の酪農仲間にあげた」と言う。1250リットル入りのクーラーだった。牛舎の内と外、すべてが朽ち果てていた。

村に戻り同じ規模で農業を再開するとしたら一体、どのくらいのおカネがかかるのだろうか。

壊れた未知夫の牛舎

「中古の農機具なんて使えない。みんな新しいのが必要だ。クーラーが３００万円、パイプライン３００万円、トラクター８００万円。牛舎も全部、造り直しだ。餌代が毎月80万円。総投資額は、ざっと1億円が必要か」と苦笑い。美知夫も還暦を過ぎた。会社勤めの人なら定年退職の年齢になる。60歳を過ぎて、新たに1億円をどうやって調達するのか。調達できたとして1億円を投資して、はたしてやっていけるのか。誰も分からない。

「酪農は、仲間あっての生業だ。村が避難解除になっても酪農仲間がどのくらい戻って来るのか分からない」と言う。牛のお産が難産した時、あるいは急病になった時、仲間の助けが必要だ。問題が起きれば仲間で相談し合い、互いに情報や知識を共有することが酪農経営には不可欠だ。「その見通しが立てられない」と語る。

3・11のあの日は、自宅で妻と母といて、客人一人の話し相手をしていた。グラグラッと大きな揺れが来た。美知夫は、買ったばかりのテレビを押さえて収まるのを待った。長女の子供、つまり孫が4人いた。幼稚園、保育園の3人の孫は家にいたが、一番上の小学3年の男孫は学校から帰って来てなかった。車で迎えに行くと校庭に児童が20〜30人いて、シートでつくった壁に囲まれ、震えていた。雪が降っていた。

飯舘村のある阿武隈山地は、地盤が固い。美知夫の家でも母屋の屋根瓦がずれたぐらいで、牛舎も、建物被害はなかった。しかし停電したので機械が動かない。自家発電機を動かして、休みなしで搾乳した。搾乳しないと、牛は駄目になる。タンクローリー(集乳車)が来ないので、畑に牛乳を捨てた。1日700リットル。孫のおしめを買いに、隣町へ車を走らせた。どこも物がない。売っている店がなかなか見つからなかった。牛と孫の世話で、てんてこ舞いだ。

間もなく福島第1原発が爆発したニュースが駆け巡った。「はじめは水蒸気爆発と言っていたし、別にここまでは来ることはないと思っていた」。しかし「飯舘村も放射能が高いようだ」と口コミで広まった。村役場が広報車を走らせ、「水は飲まないように」と言ってペットボトルを配り歩いた。「これは危ない」と思ったのはその時だが、それでも「1カ月ぐらいすれば牛乳の出荷は再開できる」と思っていた。

4月、飯舘村の全村避難が発表された。牛は生き物であり、生活の糧である。「どうすればいいのか。どこに逃げろというのか」。政府は「牛は殺処分」と言ってきたが、「なんとか生かす方法がないか」と模索した。妊娠していた乳牛は、県南の酪農家に引き取ってもらった。

和牛は、本宮市で開かれた競り市場に出した。しかし妊娠していない乳牛は殺処分するほかなかった。業者が引き取りに来た時のことは忘れられない。牛の尻を押してトラックの荷台に載せた。「悪いことをしたというわけでもないのに、牛たちには本当にかわいそうなことをした」。が、どうにもならない。自身が避難先の福島市へ向かったのは6月29日だった。

「俺も3カ月、被曝したよ」

不眠症が止まない。右耳が耳鳴りし、聴力が極度に落ちた。血圧も上がった。「これから何で生計を立てるのか。電力会社や政府はどのくらい補償してくれるのか、不安だった」と振り返る。

美知夫は、中学時代はテニス部、高校時代は陸上部で中距離の選手だった。スポーツマンで男気のある男。優しさを併せ持ち、男性にもモテるタイプだった。高校を出て航空自衛隊に入り熊谷、入間基地（埼玉県）に所属した。が、2年半で辞めてUターン、農業を継いだ。家は3代目。田んぼが1ヘクタール、畑0・6ヘクタール、牧草地20ヘクタール。牧草地はほとんどが借地だ。村に帰った美知夫は、本格的に酪農に取り組む決意をした。

朝4時半に起き、牛に餌をやる。その後、搾乳する。そして自分たちの朝食。日中は牧草地で草刈りをする。牛は牧場に放して運動させる。夕方の午後5時頃、牛に2回目の餌をやる。その後、搾乳する。7時半頃に作業を終える。8時半頃、自分たちの夕食。疲労困憊で、床に就くのはいつも早めに、と心掛けている。

「生き物が相手だから、こっちも1日中拘束される。休みを取れないのが一番つらかった」と言う。

飯舘村で酪農が始まったのは1953年に見舞われた大冷害がきっかけだった。「この村は、コメでは無理だ。これからは天候に左右されにくい酪農がいい」と人々は語り合った。酪農技術を学ぶために北海道へ研修に行った。機械化、大規模化を酪農仲間で競い合った。乳価もどんどん上がった。美知夫が自衛隊を辞めて帰郷したのは、そんな時代だった。皆、個人経営である。政府の管理下にあるコメ作りと違って、酪農は努力した分、成果が目に見えて現れる。それが励みになった。

和牛の部門では、ブランド化した「飯舘牛」が評判になり「全国版」の名声を得つつあった。1985年にスタート、和牛を生産から販売まで村内で一貫して行う「ミートバンク事業」（農協運営）が大成功を収めた。ミートバンクは、飯舘牛を中心に季節の野菜や山菜、ヤマメなど村の特産品を加えて宅配便で発送する仕組みで、マスコミで報道されるや首都圏を中心に問い合わせが殺到した。

肉牛、乳牛、合計3000頭が飼われた。大自然の中で伸び伸びと、牛も健康的に育つ。肉質もいいというのが飯舘牛の特徴だ。毎年夏、村の中央にある公園「村民の森あいの沢」で牛肉フェスティバルを開いた。牧草地を見ながら大自然の中で飯舘牛のバーベキューを楽しむ。村外からも大勢の観光客が訪れた。飯舘牛のブランド化、消費量拡大と併せて都市の人々との交流拡大が、村づくりの柱となった。「自分たちの村は、自分たちの手でつくり上げよう」。人々に自信を与え、心と心を結びつける大きな役割を果たしたのがミートバンク事業であった。

だが、畜産を村の主産業に「過疎地脱却」にかけた人々の夢を、原発事故は一瞬にして吹き飛ばした。元に戻ることは、あり得ないのだろうか。

美知夫は「土地は、先祖が苦労して残してくれた貴重な財産だ。父親の代まで受け継いできたものを、俺も受け継いでいきたい。ここは俺のふるさとだから」と語る。一方、避難先の福島市内に新しい家を建てた。「飯舘村と福島市を行ったり来たりの二重生活が、しばらく続くと思う。もし村に帰ったとして、何ができるのか、俺には分からない。その時になって考えるしかない」と語る。失業対策で始まった村の防犯パトロール「見守り隊」(後、民間委託)の仕事をしながら、学校と塾と自宅の間を、小学、中学生になった4人の孫の送り迎えをしている。

「かわいそうなのは子供たちだ。みんなバラバラになった。（村に、帰る、帰らないの判断は個人の自由だが）いずれ、子供が村に帰らないのが一番の問題だ。放射能の影響を考え、若い人、特に若いお母さんたちが帰らない。これでは将来、村の人がいなくなってしまう。ではどうする？　例えば放射能に対する警戒心が比較的少ない高齢者を対象に、待遇を良くした特養老人ホームをつくって人を呼ぶとかはできないだろうか。ともかく、これからは、生きていく上で人を当てにできないということだ」

コメが作れない

菅野武美は学校時代、漫画が上手でクラスの人気者だった。ノートにアメリカ製の車をよく描いた。鉄腕アトムや鉄人28号など漫画の主人公を描くと、本物そっくり。周りの同級生たちは「すっごい」「すごい」と大喜び、みんなで拍手した。

家は村の南西部、隣町に境を接する比曽《ひそ》地区にあった。武美は村で運行しているスクールバスには乗らず、家から中学のある飯樋地区まで約5キロの山道を歩いて通った。比曽は海抜600メートル、飯樋は480メートル。高度差120メートルある5キロの山道を、いつも仲間二、三人とで往復した。もっとも村道なので冬は除雪されない。冬場はスクールバスに切り替えた。

武美は農家の長男で、中学を出るとすぐに農業を継いだ。田んぼは0・7ヘクタールで、アキタコマチを作った。下の弟は愛知県の自動車会社で働き、その下の弟は千葉県で大工をしている。妹二人は、栃木県と滋賀県。父親は20年以上前に病死した。武美は、大正生まれの母親と二人で暮らしていた。

大地震発生の時は、村役場で所得申告の手続き中だった。

「パソコンが吹っ飛んだ。屋根の裏板が落ちてきた。立っていられず床に踏ん張った」

村役場の職員が次々と外に出る。武美は軽トラックを運転して急いで帰宅した。翌日からは、ガソリンがなくてしばらく動けなかった。2カ月後、原発事故で全村避難となり、福島市南郊のアパートへ引っ越す。ふるさとを離れ、母親と二人の避難生活が始まった。

母親は若い頃から両耳が不自由だった。アパートにいて、郵便配達員が来ても分からない。宅配便の業者が来ても応対できない。料理も洗濯も、みな武美がした。母親を介護しながらの避難生活だった。

日中は、防犯パトロール・見守り隊に入って、福島市と村を行ったり来たりした。比曽の実家には3日に1回は行って、草刈りをした。

「原発事故のおかげで、予想のつかない人生になった。放射能で汚染された田んぼで作るコメは、もう売れない。たとえ家の周りは除染しても、山はそのままだ。汚染された水が山から田んぼに入ってくる。比曽は水がきれいで、コメ作りにはとてもいい環境だった。田んぼは、水がなければ始まらない。ウド、ワラビ、タラの芽、フキを採り、自然の恵みを受け、俺たちは自給自足の生活ができていた。山を除染しなければ、比曽では生きていけない。原発事故がすべてをダメにした」

原発事故の起きた年は、避難やらアパート探しで何の余裕もなかった。「俺は大自然の中で育った。精神的には強いんだ」と自負していた武美だが、避難後は午前3時ぐらいまでも毎日、眠れない夜が続いた。生活の場をどうする？　仕事は？　そして母親の介護があった。考えれば考えるほど、眠れない。酒も飲めないのに、ガーッとウイスキーをガブ飲みして布団に入った。胃袋が熱くなった。

2年目の春からだ。ふるさとの田んぼの風景を、夢に見るようになった。種蒔きをした後、芽が出て苗が育っていく。「今年も農作業ができるんだと、ほっとひと安心」、と思ったところで目が覚めた。秋、波打つ稲穂が田んぼに広がっていた。冷害の年は稲がくすんだ色になるものだが、その年の秋は稲穂が黄金色になって目の前に現われた。「今年は豊作だ」、と思ったところで目が覚めた。

眠れない夜は避難生活3年目まで。その後はよく眠れるようになった。「もう諦めがついたから」


比曽の中心部に田《た》神社がある。白木の鳥居と社殿が広葉樹の森に囲まれてあって、中に樹齢100年、高さ10メートル以上の杉の大木が立つ。村の天然記念物だ。豊作祈願の神社で、春になると社殿前の広場で「三匹獅子舞」が奉納される。村人の心のよりどころが、その田神社である。

原発事故による全村避難を前に、田神社で「別れの宴」を開いた。比曽は83戸の集落。その日は子供から大人、年寄りまで、全部で200人ぐらいが広場に集まった。村人は、「ここに戻って来て、また百姓ができんだべか」と口々に語った。宴は昼から夕方まで続いた。「新聞社やテレビ局の人がたくさん来て、全国ニュースになっていっぱい流されたよ」と、武美は当時を思い起こすようにして話してくれた。

武美の家は山の中腹にあり、自宅前の倉庫が大雪で倒壊し、そのままになっていた。耕運機や草刈り機を入れていた倉庫だ。修理しないのは放射能汚染で農業再生の見通しが立たない。「直す気力が湧かないからだ」と言う。

母親は避難して3年後の2014年、92歳で亡くなった。両耳が不自由で、武美は最後まで母親に放射能の意味を伝えることができなかった。白い防護服を着た男たちが原発事故現場や被災地を行くテレビニュースを見せたり、身振り手振りで事故のことを伝えたりした。村の人みんなが故郷を離れたのは分かったようだが、「なぜ、避難しなくてはならないのか」が理解できないようだった。「家に帰りたい」「帰って猫に餌をやらなくては」とよく言っていた。母親は最後の最後まで、原発事故の意味を知らずに亡くなった。

武美は家族を失い、独りぼっちになった。週3回、独りでパチンコ屋に行く。1回5、6時間。パチンコ依存症である。台の前に座ると、「パチンコに集中できる。ほかのことを考えなくて済むから」と言う。人間関係の煩わしさがない。時々、猪苗代や磐梯高原へドライブに行く。ドライブする時も、いつも独りだ。「故郷に帰っても、放射能がある限り、俺はダメだ。家族もいないし、精神的に元には戻れない。俺はもうトシだから」と語るばかりだ。

あの日、俺は原発の中にいた

菅野弘平は、東日本大震災が起きた時、福島第1原発の4号機にいた。場所は原子炉の直下、「CRD」の中である。CRDとは「制御棒駆動装置」の意味。原子炉内で核分裂が起きている時、制御棒をコントロールする部屋だ。弘平はＣＲＤの部屋で機器の監視作業をしていた。地震が起きると大きな揺れと同時にガラガラッと音がして、天井の一部が崩れ落ちた。停電で部屋は真っ暗。「2、3分後に非常電源装置が働いて電気はついたが、その瞬間、『大変なことが起きた』と思った」。機械に挟まれ、骨折した仲間の作業員もいた。同じフロアのグループは20人ほど。作業員は階段を駆け上がって建物の外に出た。原発全体では千人単位で作業員が働いている。巨大津波が襲来する前で、東京電力の職員に「逃げろ」と言われた。弘平も必死になって車で現場から脱出した。帰路の国道114号は既に渋滞を起こしており、飯舘村の長泥《ながどろ》地区にある家にたどり着いた時は発生から2時間半経っていた。

弘平がいた4号機は、4日後に水素爆発した。水素爆発はしたが、定期点検中で原子炉の運転は停止していたため、メルトダウンは起きなかった。が、その前に1、2、3号機がメルトダウンしていた。大気中に放出された放射性物質は西北部へ、弘平のいる長泥の集落を襲った。

長泥は原発事故後、「帰還困難区域」に指定された。放射線量が高く「将来的にも帰還はかなり厳しい」と役所が指定したほどだから、帰郷は本当に難しいのだろう。他の区域と線引きされ、地区の入り口はゲートで封鎖された。

弘平を案内人に私はその日、帰還困難区域に指定された長泥地区に入った。幾つもの坂道を上り、峠に着く。封鎖されたゲートの入り口で弘平が「通行証」を提示して通過、峠の見晴台に立って原発のある辺りを遠望した。それから峠を下る。集落の十字路交差点の周辺に幾つかの商店がある。そこが中心地で、左折すると間もなく長泥小学校の跡地に着いた。

「ここで運動会やったんだ」と、弘平はグラウンドを指して懐かしそうに説明してくれた。

長泥小学校は統合されて、もはやない。木造校舎は消え去り、跡地にコミュニティーセンターが建てられた。運動会をしたグラウンドは周辺に雑草が生えていたが、中は手付かずで昔の形を残していた。

長泥地区の中心部の風景。手前が墓地

帰還困難区域・長泥地区への「通行証」

私たちの中学校の同級生97人のうち、長泥小学校の出身者は、男8人女5人の計13人だった。中学を卒業して農業を継ぎ、事故当時も長泥にいたのは男3

人。そのうちの一人が弘平だ。小学校跡地を見た後、同級生たちの家々を見て歩いた。「ここは○×君の家。あそこは○▽ちゃんの家だよ」と一軒一軒回り、教えてくれた。

弘平の家は舗装道路を外れ、しばらく山道を上った山の中腹にあった。小さな平屋建て。植木が家の前に幾つも置いてあった。「避難先から週に2回ぐらい通っている。植木が趣味だから」と話した。田んぼはなく、畑と山林併せて2ヘクタール。以前は両親が畑で大根やインゲンを作っていたという。

山を下り、さらに進む。道々、つぶれたままの花作りのビニールハウスや朽ちた農家の倉庫を見た。その後、高台にある墓地を案内してくれた。墓石と骨を掘り起こし、土に穴を開けたままになっているのが1カ所あった。「持ち主が、移転先の福島市内にお墓を改葬したそうだ」と言う。

長泥は大震災前、74戸の集落だった。原発事故で放射線量が高くなり、人が住めなくなった。イノシシが増えて畑を荒らし回っているが、ヤマメを捕って遊んだ川、アケビやキノコ採りをした山々の風景は昔のまま。「見た目は何も変わらない」と言う。

弘平は中学時代、同級生に「学者」と言われた。物知りで、いわゆる「雑学博士」だった。「本が好きだった。周りに本があると、手当たり次第に読んだ」と話す。

中学を卒業すると家を出て、東京や神奈川県の建設現場で働いた。航空自衛隊に入ったのは18～21歳の時。千歳（北海道）、百里（茨城県）、芦屋（福岡県）基地に配属された。仕事は基地の施設部。「施設部とは言っても、実際の仕事は基地内の草むしり作業だった」と言う。自衛隊を除隊後、各地を転々とした。30歳近くになって長泥にUターン。原発で働くようになったのは、その頃からだった。「仕事がほしい」「賃金もよかった」のが理由だ。

原発で働くとしても、原子炉運転中には働かない。働いたのは原子炉が動いていない時で、原発の建屋そのものの建設工事や、原発の定期点検中の時に限定した。「原子炉が動いていない時ならいいだろう。決められたことだけをやっていれば、事故が起きても大丈夫だと思った」と言う。作業に携わった現場は福島第2原発の1号機や4号機の建屋の建設工事、第1原発の定期点検などだ。その都度、臨時雇いで働いた。第1、第2原発まで、自宅から車で1時間から1時間半の距離。村の最南端、原発に近い長泥では、10人ぐらいは働いていたという。

「事故は、起こるべくして起きた。起きて当たり前と、俺は前から思っていた。原発は5階建てのビルと同じだ。何万点、何十万点の部品でできている。そのうちの一つの部品でもおかしくなれば、全体がおかしくなる。だから、おかしくならないわけがない。津波対策も、本気で考えていなかった。波が高い日は、太平洋の海水のしぶきが港の防潮堤を越えて来た。

俺はそれを何度も見た。巨大な津波が来れば、波が原発まで来るのは当たり前だ。

原発の建物は、海に面した断崖をわざわざ20メートル削って下げた所に造ったんだ。冷却水に海水を使った。海水をくみ上げるポンプは、直径が5、6メートルもある巨大なものだ。ポンプを使って海水をくみ上げる。その量といい、費用といい、それは莫大なもんだよ。海水をくみ上げるコストを下げるために原発の建屋を低く、海面に近い所にした。日本の国情を考えず、アメリカの言われるままに造ったからああなったのさ」

原発事故で村に全村避難指示が出た後、弘平は役場の紹介で相馬市の仮設住宅に入った。事故発生から4カ月後だった。両親はそれより十数年前に亡くなっていた。三つ下の弟は香川県で働いている。家族はなく、一人で仮設住宅で暮らした。

腎臓透析で週に3回、病院に通っている。1回の透析に4時間かかる。大震災前から患っていた病気だが、原発事故後に悪化した。避難後は、東北電力の原町火発（南相馬市）で働いた。原町火発は大震災で津波被害を受けた。被災後の現場の後片付けが仕事だった。しかし1年で辞めた。もう仕事のできる体ではなかった。

避難生活を送る中でのストレス解消法は、趣味の植木とサウナに入ること、近辺をドライブすることだ。そして部屋に籠って瞑想した。「俺は一匹オオカミ。いつも一人で楽しいことや新しいことを考えようと心掛けている。友達付き合いは、貸し借りができるからしない。

煩わしい」と言う。そう言う割には、同級会だけはいつも一番先に来る。学校時代の同級生だけは別格のようだ。

ふるさと長泥は帰還困難区域に指定されたが、生きているうちに指定が解除になったら、「帰りたい」と言う。「なぜ？」と問うと、「ここが自分の家だから」と答えた。地区の人口は、大震災前から減少している。しかし過疎の山村にだって夢を抱いてやって来る人がいる。原発事故前の長泥にも、東京からやって来て牧場を開いた若者がいた。

「原発事故さえなかったら、村に来る人がもっともっといたはずだ」

「原発は造らない方がいい。原発なしでやっていける。事故で原発が止まっても、電気は間に合っていたではないか。省エネ、電気を節約する方法がいろいろあるはず。やっていないだけだ」

弘平はそう思っている。

＊

長泥地区には、私自身も縁がある。父方の祖母は長泥出身だった。祖父の姉や妹も長泥に嫁いだ。親戚が何人もいた。しかし小さい頃、長泥には行ったことがなかった。私の実家から8キロ程度の距離なのだが、そこに行くにはかなり高度差のある峠を越さなくてはならない。道路は未舗装で、子供時代はそう簡単に行ける場所ではなかった。

飯舘村初代村長・高橋市平氏（広報『いいたて』より。1966年）

　中学時代、初めて長泥に行った。自転車を漕いで行ったのだが、砂利敷きの山道を上るのが、かなりきつかったのを覚えている。峠を下ると谷底の地形に出る。やがて人家を見つけた。「何という山の中なのか。こんな所にも人が住んでいるんだ」と思った。その後、中学時代に2、3度、長泥に行った。長泥行きはそれ以来、実に40数年ぶりであった。だが、道路が舗装されたことと長泥小学校がなくなったこと以外は、当時と何も変わっていない。暮らしが成り立てば、長泥は「桃源郷」であっただろう。少年の頃の私は、その意味に気づかなかった。

　私が生まれた翌年の１９５６年、当時の町村合併促進で南部の飯曽村と北部の大舘村が合併して今の「飯舘村」が誕生したのは、先に述べた。しかし、ほぼ同じ規模の二つの村の合併で、しこりは後々まで残った。農業、教育、福祉関連の公共施設の建設場所を巡って、二つの旧村が誘致合戦を繰り返した。事あるごとに住民感情が対立、村民体育大会でも互いにライバル意識を燃やした。

飯舘村の初代村長は、飯曽村側の南端である長泥出身の人だった。「高橋市平《いちへい》」と言い、大きな農家で酪農を経営していた。市平さんは、飯曽村の村議、収入役を務め、二つの村が合併した時に初代の村長に選ばれた。合併後も住民感情の対立が続く村を一つにまとめ、3期12年務めた。私は、大人たちが市平村長を批判したり、悪口を言ったりするのを一度も聞いたことがなかった。「名村長」と言われたのは、第一にその温厚な人柄だったと思う。出稼ぎ対策のために奔走、企業誘致に成功した。小さな会社だったが、市平村長の功績だ。

その市平村長は毎朝、車を運転して村役場に通勤していた。朝早く長泥の家を出て、林道のような砂利道を運転して峠を上り下り。未舗装で土ぼこりを上げながら私の実家の前を通って役場に向かった。村でマイカー通勤していたのは市平村長ぐらいで、当時は珍しかった。私は「村長さんの車だ」と言い、毎朝のように市平村長の車を目で追った後、小学校へ向かった。

あれから半世紀過ぎた。取材で久方ぶりに長泥を訪れた時、運転席にいる弘平が「あれが市平村長の家だよ」と教えてくれた。その瞬間、50年前の記憶がよみがえった。

「名村長と言われた市平村長。あの人だったら、帰還困難区域に指定され、人が住めなくなったふるさとと、長泥をどう思うだろう。村民が散り散りになった飯舘村をどんな方法でまとめ、再建しようとしただろうか」

そんな思いが、助手席にいた私の頭の中を巡った。

（原発事故後、地域の人たちがまとめた証言集『もどれない故郷　ながどろ』という本が発行された。中に「祖父は飯舘村初代村長だった」の題で、孫に当たる方が書いている。

それによると、高橋市平村長の先祖は宮城県小原村＝現白石市の出身で、明治時代、事業に失敗してこの村に逃げて来て入植したらしい。やがて3ヘクタール以上の農地を持ち、何人もの使用人を持つ大きな農家になった。長泥に小学校を建てる時、高橋家が敷地を寄付した。だから最初の長泥小学校は、高橋家のすぐ近くにあったという。飯曽村と大舘村の合併話の時は、大舘村の人たちが家に怒鳴り込んできた。「怖かった」と書いている。そして「市平じいちゃんは温厚で、いじめられた記憶も、怒られた記憶も、全然ない」と、幼い頃の思い出をつづっている）

なお、現在の飯舘村役場、小・中学校は、旧飯曽村と旧大舘村の境に建っている。

花が作れない

北山梅子は、小学校の時から「梅ちゃん」の愛称で呼ばれた。つらいことがあっても、いつでも笑顔。「梅ちゃん」の呼び名が似合う明るい女性であった。

梅子の家は、学区の中心部、飯樋地区から南へ4キロ入った久保曽《くぼそ》地区にある。山深い所で、周囲は見渡しても民家が2、3軒あるばかり。小・中学校時代、梅子は友達と連れ添い、山道を歩いて毎日、元気に学校へ通った。

高校を卒業して、実家の農業を継いだ。耕地は田んぼが2ヘクタール、牧野が1ヘクタールで、繁殖牛17頭を飼育した。畑は0・8ヘクタール、そこにビニールハウス7棟を建て、トルコキキョウやアスターを中心に、花を作った。

大きな農家を一人で切り盛り。とはいえ、田んぼ仕事はトラクターや田植え機、コンバインを使いこなさなくてはならず、女性にとって負担が大きかった。父親の後を継いでから、田んぼは半分にした。稲刈り、乾燥、籾摺りなどは知人に頼んだ。残り半分は牧草地にした。経営の多角化を目指し、コメ作りから牛の飼育へ、そして花作りへとシフトさせていった。「花は何もしゃべらない。でも手をかければ、それだけきれいに咲いてくれる。応えてくれるからこそ、やりがいがある」と、その楽しさを話してくれた。

花作りに自信を得た理由がもう一つある。村の農家の嫁さんたちにヨーロッパ旅行を体験させる「若妻の翼」に参加したことだった。

*

それはひょんなことから始まった。

1987年1月、村の新年名刺交換会、通称「新春村民の集い」が開かれた。そこで「夢創塾」の人たちが、何を思ったのか新春ホラ吹き大会を始めた。夢創塾とは、酒を飲み、村の将来を自由に語り合う若者たちの村おこし集団である。その夢創塾生の女性が、ホラをぶち上げた。

「男性は海外に行く機会がたくさんあるのに、女性は本当に少ない。ここ飯舘村の21世紀は、村営の主婦の翼が飛んでいるはずです」

翌々年の1989年1月、村長が「女性の海外研修を増やすことは、豊かさの創造につながる。花嫁問題などあらゆる分野への波及効果も大きい」と決断、村の事業に組み入れた。「若妻の翼」が助走、スタートを切った瞬間だ。事業は公民館が主管、4月に計画の大枠を決め、5月、団員を募集、6月、団員を決定した。事前研修を経て9月、成田空港からヨーロッパへ向けて出発―というスケジュールが組まれた。

「はたして何人集まるのか」

団員の募集要項が全村1800戸に配られた。3世代、4世代が同じ屋根の下に暮らしている。農繁期の忙しい時期に「嫁が10日も家を空けるなんて」と村中で議論百出、嫁たちは葛藤した。「ヨーロッパ……、ああ、行って見たい」と、心ときめかせる。一方で農村社会の厳しい現実があった。ご飯の支度、洗濯、育児、そして農作業……、やることがいっぱいある。「やっぱり無理だわ……」と肩を落とす。しかし、やがては家族の理解が広まっていった。「あとのことは心配しないでいいから」「一生に一度のこと、思い切って行っておいで」と夫や両親、そして子供たちに励まされた。マスコミも「飯舘でヨーロッパへ飛ぶ『若妻の翼』計画、大ボラが正夢なった」と大きく報道した。

第1回「若妻の翼」は19人の若妻と団長の総勢20人。9月26日、成田空港から飛んだ。西ドイツ（当時）に入り、フランクフルト、ハイデルベルク、ローテンブルクを視察、実業学校や農業博物館を見て回った。農家に民泊して地元の人たちと交流した。そこで、農家の庭先、ベランダ、家の中にはたくさんの花が飾られているのに感動した。ミュンヘンではビール祭りに参加、本場のビールの味を味わった後、寝台列車に乗って車中泊、フランスへ。花の都パリに到着し、凱旋門、エッフェル塔を見学。ロアール地方の農村事情を視察し、パリに戻ってベルサイユ宮殿を見学、最後はたくさんの買い物をして楽しんだ。11日間の夢のような旅だった。

帰国して、ヨーロッパ旅行の体験を語る女性たちの目は輝いていた。「ドイツの農家のように、自分たちの家にも花をたくさん飾ろう」。周囲の人たちも「若妻の翼」を話題にすると、顔の表情、話し方が明るくなった。本当の豊かさとは何か。決して経済的な豊かさにばかりあるのではない。生活を楽しむ心の余裕があるかどうかではないか。人々は気づき始めた。

（「若妻の翼」は5年間実施された。ヨーロッパ研修を体験した農家の嫁たちは計100人近くなる）

＊

私の同級生、北山梅子は「若妻の翼」の第2回参加者だった。1990年9月、西ドイツ、スイス、フランスを12日間旅した。「小さい頃から『アルプスの少女』の『ハイジの世界』に憧れた」と言う梅子。「日程にスイスが入っていた」のが団員に応募した理由だった。父も母も妹も「行って来たら」と応援してくれた。

2回目の「若妻の翼」も、総勢20人だった。フランクフルトの空港に下りた後、車で1時間ぐらいの所、南部の農村へ向かった。そこで酪農家を視察した。

飯舘村の酪農に比べて、ドイツでは機械化が進み、人間の側が労働する負担は小さいと感じた。訪れた酪農家では、グリーン・ツーリズムもしていて、「若妻の翼」の団員も民泊した。家の周り、2階の窓辺にたくさんの花を飾っていた。「こんな形できれいにしていれば、泊まり客が来てくれるんだ。飯舘村の自分の家でも、グリーン・ツーリズムができるんじゃないか」と思った。

次にスイスに入り、アイガーの麓にある町、グリンデルワルトに滞在した。アルプスの山並みを背に、きれいな牧草地が広がっている。まさに「ハイジの世界」であった。「こういう所で農業ができたらいいな」と思った。

ヨーロッパの旅から帰った梅子は、さっそくグリーン・ツーリズムの準備を始めた。村の幼稚園児40人を招いて、自宅の畑でトウモロコシの無料もぎとり体験をさせた。子供たちの健康を考え、ＥＭ菌で作った有機肥料による野菜の栽培を試みた。将来は自分の家の宿泊客にもぎとり体験をさせようと、ブルーベリーやプルーンを植えた。「ブルーベリーは、一番多い時で600本も植えたのよ」とうれしそうに話す。村役場の斡旋で、九州の大分県宇佐市安心院町を訪ねた。安心院町は日本の農家民宿の発祥の地と言われる。グリーン・ツーリズムの先進地だ。

梅子の家からは、戦山《たたかいやま》（863メートル）の山頂が目の前に見える。村南部の中心に位置する山で、どこからも良く見え、村民に親しまれた。半世紀以上も前のこと、小学校の遠足で、同級生みんなで戦山に登った。中学校の校歌は「戦山の雪解けて」の歌詞で始まる。

「戦山を前にして、わが家でグリーン・ツーリズムの民泊をやれたらなあ、と思った。お客さんは一晩、一家族で十分。いろんな所から来る人たちと、いろんなおしゃべりができたらいい。私も還暦を過ぎたけど、年齢がいってもグリーン・ツーリズムはできるんじゃないかと思った」

だが、将来設計の夢をすべて吹き飛ばしたのが大震災、原発事故であった。

3・11のあの日、梅子は軽トラックを運転、知人宅に行って牛の餌になる野菜を分けてもらった後、村の保養施設の大浴場に入って、のんびり休んでいた。地震が起きると浴槽が大揺れ、お湯がかっぽん、かっぽんと波打った。「大変だ」。浴槽を出た梅子は裸のまんま、慌てて脱衣所でバスタオルを巻いた。外を見ると施設の周囲の道路や石垣が崩れていた。揺れが落ち着いてから着替え、軽トラックを運転して帰宅。「あんな大きな揺れは生まれて初めてだった」と言う。

数日して爆発した原発の、放射能が村の上空に飛んで来たのをニュースで見た。「これは大変だ」。地区の組長をしていたので「避難した方がいいよ」と一軒一軒、車で回った。地区は全部で10戸。自分も「両親を避難させなくては」と、長女のいる福島市内のアパートに連れて行った。村内居住の叔父、叔母も同じアパートに避難して来た。結局、長女の2DKの部屋で6人が寝起きすることになる。

以後、梅子は、牛に餌をやるために1日おきに福島市と飯舘村を行き来する。5月末、17頭の和牛は、栃木県の友人に一括して譲った。6月から防犯パトロール・見守り隊で働く。7月、両親を連れて相馬市大野台の仮設住宅に移った。相馬を選んだのは、同じ市内に妹が住んでいたからだ。それから3年後、母親が脳梗塞で倒れ、左半身不随となって南相馬市立病院に入院した。退院後のリハビリ施設を探したが、原発事故被災地の浜通りには、いくら申し込んでも空きがない。6カ月かかって、やっと福島市内に民間の介護施設を見つけ、母親の世話を依頼した。梅子自身は、避難が長引いたので福島市飯野町に中古住宅を購入した。仮設住宅を引き払って父親と二人で暮らそうと思ったのだが、父親は「飯舘に帰る」と言い、頑として新居に入ろうとしなかった。

農家の後を継いだ梅子は、5代目になる。初代は江戸時代後期、加賀の国（石川県）から現在の南相馬市の萱浜《かいはま》に移民して来た人だった。萱浜は、相馬藩が荒れ地開発して、北陸からの移民を奨励した場所である。しかし沿岸部であり、古くから地震による津波や海水による塩害の被害を繰り返し受けてきた土地だった。2011年の東日本大震災でも甚大な津波被害を受けた。決して農業、コメ作りに適しているわけではない。相馬藩の時代は掘っ立て小屋のような家に住み、荒野を開発したが食いつなぐのがやっと。借金がかさみ、逃げ出した者が何人もいたと、記録は伝える。

「『いい所があるから』と誘われ、4戸で、南相馬の萱浜から今の飯舘村の久保曽に入植した。2代目当主になる人が14歳の時だった」と、亡き祖母から聞かされた。明治28年（1895年）のこと。その2代目が土地登記をした明治42年（1909年）の書類が自宅に残っている。以来、3代、4代、5代と続いた。4代が1930年生まれの梅子の父親である。梅子まで、

5代にわたって山間部で土地を切り開いてきた一家だった。
「昔、家の前は谷地だった。大きな木の根を掘り起こして田んぼを開いた。やっとここまできたと思ったら原発事故の騒ぎだ。俺はここから一歩も外の町に出て暮らしたことがない。やっぱり、慣れたところがいい。自分の生まれ育った所だから」と傍らにいる父親が話してくれた。

梅子は、久保曽の実家と、父親のいる相馬市の仮設住宅、母親のいる福島市の介護施設、そして自分で購入した福島市内の新居の4カ所を、毎日のように車でぐるぐる回る生活をしている。4カ所を線で結べば200キロにもなるだろう。

震災前、花作りをしたビニールハウス7棟は解体した。跡地で、業者が来て除染作業をしていた。重機で田畑の表土を剝ぎ、黒いフレコンバッグの袋に詰める。梅子がここで再び花作りをすることは、もはやない。

「私はどうして、こんなことにならなくてはならないの？　と、ふと思うことがある。もう疲れた。夜、眠れない。めまいがする。もともと酒の飲めない私だが、あれから毎晩飲むようになった。もっぱら日本酒。震災前だったら、農作業の疲れで床に入ればすぐ眠れたのに……。泣いたことはある。『原発さえ爆発しなければ……』と思う。あの日を境に私の人生、すべてが変わった。でも、愚痴は言わない。つらくても、明るくしていなくっちゃ。明るくした方が楽しいから」

私は避難しない

佐藤ひろ子は、いつも同級会のムードメーカーだ。あいさつはいつも大声。演歌が得意で、同級会では中村美律子の「河内おとこ節」や川中美幸の「男じゃないか」を豪快に歌い、拍手喝さいを浴びた。地元・外内《よそうち》地区の保存会で鍛えた手踊りの振り付けは、他の人の2倍ぐらいは大げさだろう。それがまた受けた。

どうしてそんなに元気なの？

「にぎやかなのが大好きだから」と明るい笑顔で答えた。

ひろ子は原発事故の後、政府の全村避難指示が出ても、村から一度も避難した経験がない。夫と二人、「未避難者」として過ごした。

なぜ、避難しないのか？

「飯舘村が大好きだから。自然がいっぱいある」。家は高台の南向きに立ち、目の前に盆地の風景が広がる。眺めは抜群だ。庭でバラや菊、ツツジを育てている。「ここから出て行ったら、好きな花の手入れもできなくなる」

放射能の影響は考えないのか？
「何十年後に放射能の影響が出るのか、それは分からない。でも気にしない。人間、いつかは死ぬんだから。もしガンになったら、その時になって考えればいい。すべて『自己責任』。人のせいにする気はない」。山からマツタケを取って来て、マツタケご飯にして食べた。「うまかった」。タラの芽も食べた。フキノトウもシドケも、原発事故前と同じように食べている。「食べても何ともない。おいしい物が目の前にあるんだから、我慢する手はない」。言葉の一つひとつがはっきりしている。同級会の時と同様、元気ないつもの「ひろ子節」は、変わらない。

「村に残っている人はいませんか」と、取材相手を探していた写真家の大石芳野さんに巡り会ったのは、原発事故の翌年だった。大石さんは、ベトナム戦争からカンボジア、アフガニスタン、コソボなど世界の紛争地帯を取材で駆け巡りドキュメンタリー写真を発表。原爆の広島、基地を抱える沖縄の人々の姿をカメラで追い続ける著名な報道写真家だ。苦悩の中で、たくましく生きる人々を写す。原発事故が起きて以来、毎月、福島県に通い続けた。ひろ子の家には「10回は来た」と言う。いつも電話でやり取り、家に泊めたこともある。ツーカーの仲になった。その様子は大石芳野写真集『福島ＦＵＫＵＳＨＩＭＡ　土と生きる』

に収められている。

その写真集の真ん中のページに、自宅前でひろ子夫婦と、犬1匹が映っている写真がある。「代々、土地を耕して作っていくのがわれらの役目と思っている。避難しない。犬のラッシーもいるから」と、大石さんは夫婦の言葉を写真キャプションに書いている。「ラッシー」は、村人が次々と避難する時、近所の人から預かった、生まれたばかりの子犬の名前だ。私たちが子供時代に人気だったアメリカのテレビ番組「名犬ラッシー」にあやかった。そのラッシーは、もう大人になった。

写真集の別のページには、夫が、田んぼの中を歩く姿や、孫と別れる時を思い出して泣くシーンも掲載されている。「ここへ来ては涙してるんだ。原点が破壊された姿だからね。草刈りや耕作は許されないし、畔は崩れて水田にはならなくて荒れるばかりだ」「飯舘村はもうなくなる……これじゃ、子も孫も帰って来られない。東電にはきちんと責任をとってもらいたい」と、写真キャプションにふるさと喪失の叫びをつづっている。

ひろ子夫婦が預かったのは、ペットばかりではない。人の世話もしている。村営住宅に70歳を過ぎても身寄りがなく独り暮らしている男性がいた。この男性も「避難したくない」人だった。ひろ子夫婦は週に1回、男性を風呂に連れて行く。南相馬市、伊達市、二本松市と、周辺の町の入浴施設で一緒に風呂を楽しむ。帰りは3人で買い物だ。日々、ひろ子夫婦と村営住宅の男性は、互いに行ったり来たり。夫婦で無償のボランティアを続けている。

狭い村社会、ひろ子夫婦が未避難者というのは人々に知られている。しかし、村の人に「なんであんたは避難しないの？」と問われたことは、一度もない。警察官にも役場の職員にも、何も言われない。村長夫人に会った時は「あんたたちが、飯舘村を守ってくれてるんだものね」と声を掛けられた。ひろ子は「そうで～す」と応える。

周りの家に、人がいない。でも避難した村人が巡回する防犯パトロール・見守り隊の人たちが交代で、昼夜を問わず1日1回は顔を出してくれる。それに元気付けられた。独りではない。そして夫婦二人だからこそ支え合うことができた。


ひろ子は中学を卒業すると、南相馬市の紡績会社で働いた。3年後にUターン、お見合いして4歳上の現在の夫と結婚した。田んぼ0・6ヘクタール、畑0・1ヘクタール、山林0・2ヘクタール。農業だけで食べていけるわけはなく、ひろ子は村のカメラ部品会社で、夫は福島市内の石材会社で働いた。そうして3人の子供を育てた。

3・11大震災が発生した日は、たまたま夫の母と、夫の姉と、自分と、跡取りの次男の嫁とで、0歳から小学4年までの孫6人の子守りをしていた。義母と義姉、ひろ子は、孫たちを抱いて外に飛び出した。次男の嫁は、子供を迎えに小学校に走った。停電したので、ひろ子はすぐに車で電池を買いに商店やスーパーに行く。が、どこにも売っていなかった。

原発が爆発すると、南相馬市の長女一家、夫の兄と妹の一家など合計30人がひろ子の家に避難して来た。かまどで1升ずつのコメを、朝昼晩と何回も炊いた。こたつに炭火を入れて暖をとる。布団を広げて30人で雑魚寝した。

数日して今度は「飯舘村は放射能で危ない」という情報が駆け巡った。看護師をしていた長女が「洗濯物は外に干すな」「家の壁の隙間にガムテープを貼って」と叫ぶ。言われるままにひろ子も動いた。間もなく長女一家と長男夫婦は山形市へ避難。孫たちとの別れである。「地震と原発事故が起きた時の大変さは、一生忘れない」と言う。

村人が次々と避難していく中で、ひろ子夫婦は「どうせ、俺らはいいべ（避難しなくてもいいだろう）」と村に残った。ペットを預かり、身寄りのないお年寄りの世話を続けた。「放射能は、見えないから分からない。何を基準に判断するの？」「避難するより、その人たちとの触れ合いを大事にしたかった」と言う。

畑には除染後、春はキュウリ、インゲンを育てた。秋は白菜、大根。原発事故後に「悪い夢を見たことは一度もない」と言う。「今までもこれからも、私たちは何も変わらない」とひろ子夫婦は笑った。

貧しさの行方

この章では、同級生5人を取材した。牛を飼う人、コメを作る人、原発で働いた経験のある人、花を作る女性、原発事故後も避難しない女性。ここに出てもらった人たちは皆、フッーの私の中学の同級生である。

彼、彼女らの最終学歴は中学卒と高校卒である。私たちは1955年度の生まれ。全国では同世代の人たちの多くが高校に進学しているのに、私の中学では同級生97人のうち高校進学者が5割に届かず、中学卒で終わる者の方が数が多かった。大学進学者は私を含めて3人ばかりである。

また、この章には自衛隊経験者が二人出ているが、ほかにも自衛隊に入った同級生が幾人かいる。昔から自衛隊志願者が多いのが、村の一つの特徴だ。国防意識の問題は別にして、自衛隊に入れば、おカネをかけなくても勉強ができるし、各種の資格・免許が取れる。体づくりもできる。自衛隊経験者が多いのはこの村の「貧しさの反映」だと、私は思う。

山村の大きな問題に、農家の嫁不足がある。特に飯舘村のような寒冷地、交通の面でハンディを負う村では、より深刻だ。恋愛の自由もない。若い女性がほとんどいないのだから。

還暦を過ぎても独身、まだ「花嫁募集中」の同級生が幾人もいる。

人として生を受けたのであれば、神様からいただいた人の才能に、それほどの地域差があるはずはない。貧しさ故に教育の機会均等や恋愛の自由が奪われているのは不当である。私は少年の頃に村を出た日から、現実社会には教育環境や経済的な豊かさの面で著しい「地域格差」があることを知り、「不公平感」を肌で感じて生きて来た。「人間は皆、平等である」と教科書は教えているはずだ。一体、どこが平等なのか。

その疑問をぶつけようと考えたのが、本書の執筆を思い付いたもう一つの理由である。

＊放射性廃棄物と除染作業

原発事故により、政府は年間被曝線量20ミリシーベルト超を目安に避難指示を出した。避難対象は11市町村で計約8万1０００人に上る。住民が避難した後、放射能汚染された地域の土地をどうするか。政府は特別措置法を作り、著しく汚染の影響が残る所を「除染特別地域」として国が直轄で除染を行うこととした。飯舘村は、全域がこの対象となる。

除染した後、田んぼに置かれた放射性廃棄物（2016年5月）

２０１１年12月7日、自衛隊が飯舘村役場本庁舎の除染を行った。翌年8月、環境省は福島市内に環境再生事務所を開設して村の一般住宅や農地の除染作業を開始。川俣町との境の分水嶺に近い二枚橋地区を皮切りに西から東へ、上流から下流の集落に向かう形で作業を計画した。具体的な除染の内容は次の通り（数値は帰還困難区域の長泥地区を除く）。

①生活圏（宅地敷地と周辺農地）と隣接の山林20メートルまでの範囲を除染する＝全村で約２０００件。
②田、畑の農地は表土を5センチはぎ取り、山砂などに入れ替えする＝全村で約１９００ヘクタール。
③雨樋の下や道路のコンクリートにヒビの入った所などホットスポットを除染する。

除染作業で取り除かれた雑草、樹木、草木の根、土などは、可燃物と不可燃物を区別して黒いフレコンバッグ（大型土のう袋）に入れられた。1袋の大きさは1立方メートル。住民から借地した田や畑を仮置き場として、おびただしい量のフレコンバッグが積み上げられた。これによって村の風景は一変。人々が営々と作り上げてきた美田が黒い袋の山となり、廃棄物の「墓場」の様相を呈するに至る。除染は2017年3月末で終了。フレコンバックは総量で約240万袋に達した。これらは大熊町、双葉町の中間貯蔵施設に搬入される予定（一部は2015年から開始）。

村内各所にプレハブ作業小屋が建設され、除染作業員が全国から集められた。1日最大7000人を超す時もあった。大型ダンプが村内の道路を、列をなして行き来した。除染費用の総額は約2100億円に上る。

住民は「奥山の森林から先に除染してほしい」と説明会で再三、要望した。放射能汚染のない元通りの農地を取り戻すのには、河川の源流域に当たる奥山からの除染が絶対に必要だからだ。しかし、住民の声は顧みられることはなかった。森林面積が75％を占める飯舘村。奥山まで入って作業をすれば、人も資材も作業量も、平坦部の何倍も費やさなければならない。全村の奥山、森林を除染するには「兆」単位の費用を負担しなければならないのは明らかだ。

森林、奥山の除染計画は、現段階では「ない」（環境省）という。確かに何兆円ものカネがかかるのは大変なことだ。しかしそれは、加害者であるはずの国側の都合であろう。除染ばかりでなく、インフラ整備、生活補償、すべてが東京電力、国など加害者主導にあるところに復興事業の最大の問題点、矛盾がある。

*

ソ連（当時）のゴルバチョフ政権は、チェルノブイリ原発事故で政権の命脈を縮めたと言われる。強烈なボディブローであった。

経済大国日本にとっても、福島第1原発事故は国家の命運を左右しかねない、計り知れないダメージをもたらした。原発とは、それほど大きなリスクを伴う。明確な責任者がないまま原発政策を推進してきた巨大なツケが、事故後に何年にもわたって重く、重くのしかかっているのである。

第2章 ◎ 凶作と移民の歴史

八木沢峠

「八木沢峠《やぎさわ》」は標高520メートル。峠の西側が飯舘村、東側へ下ると浜通りの平野部に出る。難路が続く峠道、「八木沢峠」の呼称は昔も今も、里へ下りる村境の代名詞である。

峠の手前、江戸時代の街道の道端に飢饉の供養碑が立つ。高さ3メートルはありそうな大きな碑だ。表側に「南無阿弥陀仏」の6文字、右側面に碑が建てられた年号「宝暦七年」の文字が見える。その背後に、村の教育委員会が建てた説明板（1991年）があった。こう書かれてある。

「本村は、山間高冷地ということもあり、冷害、飢饉の常習地域として幾度かの大凶作を経験している。

宝暦五年（一七五五年）の飢饉は後の天明や天保の飢饉と並んですさまじく『夏は連日、

八木沢峠に立つ宝暦の飢饉供養塔

日照度が少なく、北東の風が吹き冷雨の降る日が多かった』と伝えられている。

本供養碑は、二年後の宝暦七年（一七五七年）六月、人々の往来で目立ちやすい街道の分岐点に『餓死者の供養』も兼ねて建てられたものとみられる。

又、道標も兼ねていて台石には『左　中村　右　原町』の文字がある」

八木沢峠で街道は左と右に分かれる。「左　中村」とは相馬藩6万石の城下・中村の町を指す。今の相馬市だ。「右　原町」とは伝統行事・相馬野馬追の主会場となる南相馬市。飢饉の供養碑はその分岐点にある。

東日本大震災、福島第1原発事故の被災状況を語る時、相馬地方の人々は、しばしば「天明の飢饉以来の大惨事」という言い方をする。相馬市長の立谷秀清さん、南相馬市長の桜井勝延さん、ともに記者会見や市長エッセー、ネット発信で「東日本大震災は、天明の飢饉以来の危機」と表現している。この本の筆者である私自身も、子供の頃、父親に「昔、天明の饑饉があってな。コメが取れなくて食う物もなく、村の人が何人も何人も死んでいったそうだ」と聞かされた。相馬地方の人々のDNA（遺伝子物質）にまで刻み込まれたかのような大災害が、江戸時代の後期に頻発した大飢饉であった。

天明3年（1783年）、浅間山が大噴火した。関東各地に大きな被害をもたらしたばかりでなく、火山灰が成層圏まで噴き上げられ、太陽光の照射を妨げ、農作物の世界的な不作をもたらした。相馬藩領は太平洋に面し、夏に冷たい偏東風＝ヤマセが吹き、度々冷害に見舞われた。全国的にも「天明の飢饉」と言われるが、飢饉は天明年間だけではない。宝暦、天明、天保と大きな飢饉が連続して発生した。最も大きな被害を出したのが天明年間なので「天明の飢饉」の呼称がよく使われる。

現在の飯舘村とその周辺は、江戸時代、相馬藩内の「山中郷《さんちゅうごう》」と呼ばれた。山中郷では天明の飢饉の前に、宝暦の大飢饉に遭遇した。高地山間部、冷涼な気象条件にあり、打ち続く大飢饉で壊滅的打撃を受けた。「飢饉で人口が一挙に減った。原発事故で全村避難したのと同じようなことが、200年以上前の山中郷、今の飯舘村にあったのではないか」というのが筆者の「仮説」である。それはどんな状況下で発生し、人々はどんな努力をして立ち上がろうとしたのだろうか。歴史の教訓を学び取り、自分たちのアイデンティティーを探ろうというのが第2章の目的だ。

宝暦の飢饉

宝暦の大飢饉とはどんなものだったのか。「宝暦五年山中郷飢饉聞書」という資料が残されている。

以下の文面で始まる。

「宝暦五乙亥年行方郡之内山中郷之不作ハ何拾年にも無之不作御座候老人之覚ニも五十一年以前酉之年を不作と申伝候得共此年程ニ者無之候昔巳午之不作餓死と申伝候ハ百五拾九年ニも当り可申哉至極之凶年ニ而御座候此弐度之外ハ昔茂申伝無之程之義ニ而御座候」

これを筆者訳で現代文に直せば次のようになる。月日は旧暦の表記。訳文に付けた（ ）は、該当する現在の地名、または筆者の補足、注釈である。

「宝暦5年、行方郡（相馬郡）のうちの山中郷（飯舘村）の不作は、何十年にもないものだ。古老の記憶にも51年以前、不作の年があったと伝えるが、この年ほどのことはない。昔、不作で餓死者が出たというのは159年前もあった。これほどの凶作の年は、2度のほかは昔も伝わっていないことだ」

（「宝暦の大飢饉は、何百年に一度の大飢饉だった」と読める）

以下、箇条書きで続く。

「前年は夏中、干ばつで、里（浜通り平野部）の方は作物が枯れ不作になったが、山中郷は例年になく出来が良かった。山中郷の年貢は合計5000俵余りなのに、この年は6400俵余り上納した。しかしながら苗不足や荒れ地が多いこと、田の稲も稲数が薄く、特に秋になって大風が吹き、粒が吹き落とされた。その上、畑作も悪かった。豊作というほどのこともないのに村人は皆、不作の道理を忘れ、『豊作だった』と誇るようであった」

「冬に至っても良い天気が続いたが、12月18日、北風に交じって粉雪が降り出した。降る雪がこぼれるように降り、先を行く人の跡を雪が埋め、北風は地を払うようだ。夜中に、雨交じりの雪降りとなった。19日の朝は雨、雪、風が止んで晴れたが、雪の積もること3尺（1メートル）になった所もある。八木沢の向坂で男が一人、笹町の東坂で他領の者一人が、雪に埋まり凍死した。そればかりでなく近国の様子を聞くに、この雪による死者は数多く、半死半生の者は数を知らないほどだと聞いた」

（「八木沢の向坂」とは、「八木沢峠の上り坂付近」の意味。この章の冒頭に述べた宝暦大飢饉の供養碑の建てられた場所は八木沢峠の手前の上り坂にあり、凍死した男の見つかった場所と、それほど違わない位置と推定できる。「笹町」は現在の相馬市玉野を指す）

「大雪で人が通ることなく、公用私用の交通が、足止めとなった。25日昼過ぎ、村々で人足を出し、公用通達ができるようにと雪を掘ろうとしたが、風強く、後から吹き埋められるので、カンジキを履いて踏みつけ、あるいは穴を開けて道を開こうとした。だが、人は通れても馬は通れなかった。代官は佐藤伝兵衛と言い、26日の朝、飯樋陣屋を出発して、徒歩で（北へ迂回して）草野に行き、翌27日は大倉に泊まり、（2泊3日で）28日に城下の中村に着いた」

（「飯樋陣屋」とは、後述するが、山中郷の中心・飯樋に設けられた陣屋で、藩の代官が常駐していた。草野、大倉は、中村に至る途中の村の名）

「秋から12月17日までは雪は降らなかったとはいえ、鳥たちが盛んに餌を求めるのは近年にないことだった。あるいは人家の周辺を恐れず、田畑や稲の干し場へ餌を食べに出る。キジ、山鳥、小鳥の類は、そばを通る人間を恐れない。鉄砲を打つと逃げるが、また出てくる。これほど餌を求め争うのは古老の猟人さえ記憶がないという」

「12月から翌1月まで毎日、朝晩、雪が降って大雪の中、春を迎えることになった」

「朝、庭の雪掃きをした。正月25日夜中より26日までに雪が2尺余り降った。27日は北風強く雪降り。28日も昼夜降って29日の明け方に止んだ。積もること3尺に達した。冬に入り正月まで風立ち、吹き溜まりになる所おびただしい。一様に4尺5尺降ったが、吹き溜まりの所は1丈（3メートル）、2丈の所もある」

「この年の春彼岸は2月6日だが、雪が消えない。山中郷の古老が言うに、春の彼岸に花塚山の雪が鹿の子まだら（白い斑点が散在するような様子）に消えれば作物の出来が良くなる、と言うが、この春は霊山と花塚山には3月末から4月初めまで雪が残っていた」

（花塚山は西隣の川俣町との境にあり、村の最高峰で918メートル。霊山は伊達市と相馬市の境にあり825メートル）

「春、川股（川俣町）の春日山で雪が消えて後、鹿が死んでいるのが多く見つかった。里人はこれを埋めた。（残雪で獲物が捕獲されやすくなっているので）獣が数多く狩人に捕獲され、鳥も鷹や狩人に捕られ、春から夏にかけて鳥獣が少なくなった」

「二本松領安達郡に80歳余りになる老人が居て領主に申し上げるところ、われらは80歳余りにもなったが、これほどの雪になったのは覚えがない。昔のわれらの祖父の申し置きには、大雪が降って野山に獣が飢えて死に、鳥が多く死ぬ時は、麦が朽ちて実らない。天地が冷えるため秋の初めに霜が降り、穀物が枯れ、人が餓死するという。この春の雪は、それと異ならない。役所においても食料を蓄えておくようにと申し上げた。しかし、人々はそれを信用しない。雪が降るのは豊作の兆しと昔から伝える、五穀も良く実り、豊作になるしるしと言い、不作の時の蓄えもしなかった。後に皆は（飢えたのは）この古老の言葉を信用しなかったからだ、と二本松領の者たちは語っていたそうである」

「寒い春のため、山中郷では3月10日から15日までに種揚げした。例年より10日余りも遅く、だんだんそれが順送りとなり、蒔き時も遅くなった」

「苗は良かったが、4月20日から小雨が続き、北東、南東の強風が吹き、田植えが過ぎたころから日和が悪くなった。（真夏の）土用のころも帷子（単衣物）を用いることなく、袷の綿入れを着用した。7月初め、ようやく6、7日、帷子を用いることがあったが、また寒くなった。5月、6月、7月までに、本来の天気になったといえるのは合計20日間もない」

「盆中も稲は出ず、ようやく早稲ばかりが盆中、半分出穂した。中稲は7月20日過ぎより出て8月初めまで出そろったが、毎日寒いので稲花できず、少し見えても花が色黒くなっている」

「8月中旬になっても水口や冷水地は、晩稲は出そろわず。所によっては15日から天気は晴れたが、16日の夜は特に寒くなり、17日の朝、雪のような大霜が降りた。田畑草木まで色黒くなり、作物は大根以外、残らず霜に遭い、種も取れない。以上のような山中郷の大凶作の様子を申し上げるため、手代（収税など担当した役人）が一人、23日に城下の中村へ向かい、会所（藩庁）で申し上げた。目付の組頭も領主方へ（不作を）訴え出た。山中郷が大変なことになっている様子を聞き、代官は村々の作柄の様子を見るよう命じた。26日、代官佐藤伝兵衛は大倉から入り順次見分けようと、秋の彼岸の8月15日から入った」

「内見（村役人、耕作者が立ち合い、稲の量を調べること）は9月13日から始まった。代官、手代の控えには（米の収穫は）皆無の村が多い、と記した。大倉、草野、深谷、関沢、飯樋、津島などは（検査のための）籾摺りなど、できもしないことだ。大霜に遭い、村々の内見奉行に仰せつけるに、霜に遭い畑を検見しても（出来たのは）アワ、ヒエ、ソバ、エゴマの4品ばかりであった」

「税率をどうするか、検討する必要がある。山中郷は大凶作なので、先例の通りにはならない。城下・中村へ帰ったら、よくよく協議すべきだ」

「山中郷にはコメが全くない。救援米を数百俵送り、関沢村の蔵に入れ、少しずつ肝入に渡し、飢えた者を助けるよう指示された。種籾の貸付、雑穀、味噌、小糠、大豆、かじめ（海藻）などを各郷で支援した」

「翌年春は米穀が値上がりし、人々の手に入らなくなった。ワラビの根や葛の粉、こぬかなどを食べた。絶食する日もあった。人々の顔色は青白くやせ衰え、病気の者や老人は2、3日寝込んで相果てた（死んだ）。野山や道路で倒れ、家に連れ帰ったが、死んでしまった者がたくさんいた」

（相馬市・馬場秀保氏蔵）

「聞書」の筆者は城下・中村の人物であろう。気象、動植物の変化、人々の心の動きまで、よく描いている。自然現象を科学的に予測することなど考えもつかなかった時代にあって、古老の経験、意見が人々の大きな指針になっていたのが分かる。宝暦の大飢饉は大雪で大地が極度に冷えたのが原因のようだが、前年の豊作で村人が慢心し、「食料を備蓄せよ」という二本松領の古老の意見を聞き入れなかったという人災的要因もある、と指摘している。

＊

宝暦の飢饉「聞書」資料には飯舘村のほか、北隣にある相馬市玉野の「笹町」や、南隣の浪江町「津島」の地名が出ている。それらは当時、「山中郷」の行政区に属していた。それらの地域は、200年後に起きた福島第1原発事故の被災地と重なっている。

「聞書」の冒頭に、「笹町」で一人が凍死した、との記述がある。「笹町」は現在の相馬市玉野。

原発事故発生から間もない2011年6月10日、玉野地区の54歳の酪農家が自殺した。牛舎の壁に「原発さえなければ」とチョークで書き残していた。50頭の乳牛を飼っていたが、原乳が出荷停止。原発事故で将来を悲観し、命を断ったニュースとして全国に報道され、衝撃を与えた。

「津島」は、浪江町の津島。ここには原発事故発生時、浜通りの町々から中通り側に脱出しようと多くの人々が殺到した。避難する車が山間の峠道に集中し、大渋滞を起こしたニュースが伝えられた。間もなく津島地区は帰宅のめどが立たない帰還困難区域に指定された。そして飯舘村は、全村避難となった。

天明の飢饉

相馬市の市街地南東部、南北に走る国道6号に交差するように宇多川が流れ、橋の近くに興仁寺がある。そこに昔、西光寺という寺が立っていた。天明の飢饉の時、西光寺から宇多川の河原にかけての場所に小屋を設け、窮民に粥を配った。飢饉の時は「施粥」と言って、領民に粥を施し、飢えをしのぐのが最初の対策だった。相馬藩城下・中村を中心に、天明の飢饉の様子を詳しく記録した「天明救荒録」なる書物が残っている。宇多川での施粥について、こう記している。

「領内の者で、飢えた者に粥を給する。乞食や往来を行く他領の者は除く。朝5時から夕方4時まで、一日一度給する。けんか口論は及ばず、不作法なことがあってはならない、と決まり事を書いて、小屋の入り口に掲げた。初日は468人集まった。

男女の顔色は青ざめ、疲れ衰え、髪乱れ衣服破れ、さながら餓鬼道の地獄絵を見るようだ。飢える者が増え、日々餓死する者が6、7人いた。はじめは親族が来て遺体を持ち帰ったが、みんな弱っていて、それさえもしなくなった。次第に死人が増え続けるので、病人小屋を作って中に入れ、介抱した。それでも1日7、8人の死体が病人小屋に入れ置かれるので、追い追い、箱（棺）に入れて馬場野村（相馬市郊外）に運んで大きな穴を掘り、一カ所にまとめて入れた」

「天明救荒録」は、藩士の紺野嘉左衛門基重が書いた。「救荒」とは、飢饉の際に救助する意味、食料備蓄など日頃の備えが必要だと説く。天明の飢饉から50年ほど後のこと、天保の飢饉に見舞われ、その時に「先人の歴史から教訓を学ぼう」と、残っていた記録や人々の聞き書きを丹念に追い、まとめた。天災発生は、事前に予測できない。後の人が飢饉に遭った時、自力更生するための一助に書かれたと伝える。施粥や救援米のこと、疫病や死に行く人々の苦しみを克明に記録している。

「砂子田向の川（宇多川）に2、3歳の幼児を投げ込み、足早に逃げ去る女がいた。慌てて飛び出し、子供を水中から取り上げた。天の道、人の情を失った不届きの女め。わが子を捨て殺し、わが身ばかりが助かろうとするのは甚だ心得違いである。〝どんなことがあっても助けよ〟と諭して、子供を女に渡した。しかし翌日見ると、下流の水中に死体があるのを見つけた、と語る人がいた」

今は何事もなかったようにゆったり流れる宇多川だが、二百数十年前は城下・中村でこの世の地獄絵となった天明の飢饉を今に伝える舞台の一つであった。

江戸時代には全国的に数十回の飢饉があったとされる。相馬藩でも宝暦、明和、安永と飢饉が続いたが、藩全体としては最大の被害をもたらしたのが天明の飢饉であった。

「天明救荒録」には、気候変動や浅間山の噴火の影響について、こう書いている。

「天明3年1月16日は大雪、19日、20日と雪降り積り、余寒が厳しかった。3月23、4日に種まき。5月14、5日から田植えをしたが、この頃から風雨で甚だ寒冷となった。3月中旬から雨降りで、8月下旬まで雨天が多く、冷気のため夏土用中も帷子、単物などは着ることなく、綿入れや袷《あわせ》で通した。あらゆる虫が、発生しなかった」

「7月から空が赤くなり、8月中頃、西南方向で震動すること雷電のごとく、大そうの鳴り物が日夜おびただしく聞こえた。8月27、8日頃、灰が雪のように降った。後で聞けば信州の浅間山が爆発して、大量の大石が熱湯と共に押し流れ、小石や砂、焼灰を噴き上げた。大人家、田畑がことごとく失われ、死者は数知れない。遠国まで灰を飛び降らせたという。大火（噴火）の後は雨が降るものだ。浅間山が春から噴火したから雨天が続いたのだろうと言う者もある」

「夏土用前より日々曇り、時々雨降り、冷気勝ちで、土用の末に少し暑気あったが、実が固まる前に霜でしぼみ、大風に当たって枯れた。稲の花は咲かず、実らず。10月初めには秋風吹き、稲は全体真っ白になった。検見の結果、収納米は平年の5分の1にもならなかった」

城下・中村の様子を、さらにこう描写している。

「幼子も夜は軒の下、寺や神社の縁側下で寝起きした。コモやムシロで身をまとい、雪霜の寒気を防ぎかね、しゃがみこんで手足を震わせ、わななく有様はこれぞ天下の窮民、目も当てられない次第である。されど、誰もあわれむ者さえいない。

クズやワラビなどの根を掘り起こして食いつないだが、それも食い尽くして草木の萌え出るのを待ちかねた。草木の根や葉を摘み取り、藁の粉などに交ぜて餅や団子にして食べた」

「老人は溝に転落死し、壮年の者は四方に散った。父母が離れ、夫婦は別れ、老人は養われるべき子を失い、子は幼くして育てられるべき親に捨てられた。あるいは他国に売られ、奴婢となった者もある。行き先の当てもなく、古いお椀を持ち、乞食となるばかりである」

「飢えの苦しみ耐えがたく、姉が妹の死体をそぎ、焙《あぶ》って食べるものがいた。また川では度々、何かをさらし、洗う者がいた。後で聞くと、人の肉だったたという」

「ある職人の妻は、わが子に食を与えず、自分だけ食したら、子はついに死んだ。母親が、その子の肉をそぎ、食べてしまったのだ。しかし、人の肉を食う者は命を永らえることはできない。ついに母親は死んでしまった。獣が互いに食べ合うことを人間は非難するが、人間に生まれながらわが子の肉を食べてしまうとは……。餓鬼道に落ちるのは当然であろう」

多数の領民が飢え、あえぎ、餓死者を出した。病死、雑食のため中毒死する者を含め、死者の数はおびただしい数に上った。天明の飢饉は天明3年から6年まで4年間続く。藩全体で結局は1万6000人の餓死・逃散者を出した。相馬藩の人口は元禄年間のピーク時に約9万人だった。それが、幾度も打ち続く飢饉で、天明7年の段階で人口が最も少ない3万人台に激減した。ここから「天明の飢饉で、相馬地方の人口は3分の1に減った」と後世に語り継がれるようになる。

「天明救荒録」には、山中郷についての記述はわずかしかない。「山中郷は8月に小霜、10

天明の飢饉の死者・逃散者数（人）

天明3年10月～4月3月＝『祥胤公御年譜』

	人口	死亡	逃散	空き家（軒）
宇多郷（相馬市）	10,567	1,196	175	308
北郷（南相馬市）	7,118	338	78	111
中ノ郷（南相馬市）	9,244	1,175	308	263
小高郷（南相馬市）	6,528	428	156	109
北標葉郷（双葉郡）	5,472	262	66	74
南標葉郷（双葉郡）	4,180	144	29	26
山中郷（飯舘村）	5,134	874	1,031	480
合計	48,243	4,417	1,843	1,371

月に大霜」「稲は青立ち、実りなし。誠の皆無作なり」とある。「死者、病人が多数に上ると申し出があり、ヒエや味噌を送ろうとした。しかし、山中郷から受け取りに来るはずの人馬が、衰えて来られないというので、こちらから送ってやった。まれに売る穀物があっても、かなり高値になったのは言うまでもない。衣類や家財道具を代わりに食料に替えようとしたが、質（借金の抵当）に取る物がない」などとある。

天明の飢饉は、最も被害の大きかったのが飢饉1年目の天明3年で、各郷の被災状況を示す数字が藩の記録に残っている。別表の通り。相馬藩は領内を、宇多郷（相馬市）、北郷、中ノ郷、小高郷（南相馬市）、北標葉郷、南標葉郷（双葉郡北部）、山中郷（飯舘村とその南部、北部）

の七つの郷に分けていた。

飢饉前、山中郷の人口は５１３４人だった。それが飢饉１年目に８７４人の死者を出し、１０３１人が逃散した。死者と逃散者の合計は１９０５人、村の37パーセントの人々が一挙に消え去った。これを城下・中村のある宇多郷を見ると、人口１万５６７人のうち死者・逃散者が合計１３７１人で、１年目でいなくなった人は13パーセントである。

山中郷は、特に逃散者、空き家が多いのが目立つ。食べる物もなく寒さに耐えきれず、村を捨てて多くの人々が逃げて行ったのであろう。城下・中村より以上の地獄絵が繰り広げられたのは間違いない。

２００年前の相馬藩の復興策

相馬市の南郊、高松地区の森の中に「子安神社」がある。森の西側を常磐線が走る。踏切を渡ると、すぐに鳥居があるのに気づく。鳥居をくぐって参道を進むと横に「初宮詣」と「奉納安全祈願」の幟が立ち、奥に拝殿があった。拝殿の横に説明板があり、神社の由緒が記されていた。

「享保３年（１７１８年）、創建。およそ２００年前の天明３年、相馬藩はそれまで経験し

相馬市南郊にある「子安神社」

たことのない大凶作に見舞われた。餓死、病死者おびただしく、人口は3万余人に激減した。木の実、草の実まで食い尽くしたという。その上、（子供の）間引き、圧殺が流行した。相馬藩ではこの高松の子安神社を母子安全の祈願所と定め、また初めて養育料、寿命料の給与の道を開いた。以来、地域民の信仰厚く……」

子安神社では今も毎年3月に例祭が行われ、近郷の人々が集まり安産祈願を行っている。

天明の飢饉で人口が激減した相馬藩、復興策の第一は「子供を大事に育てること」であった。人口が激減した江戸時代の飢饉、そして200年後、放射能汚染で何万人もの原発難民を生んだ原発事故。どちらも復興への第一のテーマは「子供たちを守るために、どんな子育て対策を取ればよいのか」であった。次代を担う子供たちが存在しなければ、その社会はやがて消滅してしまう。それは昔も今も変わらない。それでは私たちの先祖、相馬の人々は具体的にどんな子育て対策に取り組んだのだろうか。藩に残された記録を追った。

相馬藩の天明の飢饉時、相馬藩主は9代祥胤《よしたね》（1765～1816年）であった。藩主になったのが天明3年で、飢饉の始まった年である。時に18歳。殿様の行動を記録したのが「祥胤公御年譜」で、飢饉から4年目の天明6年8月のところに、殿様父子で子育て対策を話し合う場面が出て来る。文中にある「子供養育料」とは、今流に言えば児童手当のようなものだろう。

「殿様と屋形様（父親である前藩主）は、家老を呼び御前で子供養育料の件を話した。両殿様は、領民に対しては仁愛が必要であり、出生した子には格別の配慮をしなくてはならない、との考えを語った。領内の戸数、人口の激減を心配し、人民の養育と五穀豊穣を願った」

「高松の社地には、子安大明神（子安神社）が鎮座している。安産の神なので、大願成就のため、殿様が鳥居を造営された。額は屋形様が自ら書き、献納された。この神社で、懐妊した者はお祓いし母子安全の願いを立てるべし。年始や3月の神事（例祭）には、子安大明神に参詣すべきこと。遠方の者は、涼ケ岡御祭礼に来た時は高松の神社にも来て、両社を参詣すべし」

藩主と前藩主が、鳥居を造営するなどして子安神社を大事にしたことが述べられている。文末に「涼ケ岡」と出ているのは、現在の「涼ケ岡《すずみがおか》八幡神社」を指す。相馬藩の鎮守社で、元禄年間に壮大な社殿が造営された。子安神社の近くにあり、藩主・祥胤は「遠方から涼ケ岡神社の祭礼に来た者は、高松の子安神社にもお参りして、安産をお祈りして行きなさい」と命じている。

「殿様は、妙見社で母子安全、五穀豊穣、人民豊楽、子孫繁昌を祈願し、領内の者へ、1軒に1枚ずつの守り札を下された。妙見社の母子安全祈禱は毎月行われるので、懐妊した者が祈禱に来た時は、必ずお守りを渡すように、と指示された」

「妙見社」とあるのは、中村城跡にある現在の相馬中村神社を指す。相馬氏の氏神で、祥胤は妙見社に参詣して母子安全を祈願、全領民に守り札を配布した。

「母親が流産した時は、その理由を詳しく調べよ。出産の時に子を害したり不注意で死なせたりした者には、厳罰を科す。法を犯してはならない。そのように申し付けるのは、出産、養育は人倫の根元であり、国の繁栄の基だからだ。それによってそれぞれの家運も開くだろう。格別に承知すべし」

飢饉で人口が激減したにもかかわらず、貧しさに耐えかね「口減らし」として、生まれたばかりの赤子を死なせる間引きや圧殺の習慣が続いていた。間引きや圧殺は各藩でも禁止していたが、なかなか効果は上がらない。「出産、養育は人倫の根本であり、国の繁栄の基である。それによって家運も開く」と説く。相馬藩は、飢饉を機に法に従わぬ者には徹底して厳罰で臨む方針を打ち出した。

「流産や不注意で子を死なせた場合、産婦の体調が回復した後、夫は片鬢剃《かたびんぞり》にする。妻は髪を剃らせる。そして夫婦に縄を付け、小旗を指して居村や宿場を3日間引き回して、さらし者にする。小旗には『この者たちは、身持ち（妊娠中）よからず。子を産み損なった科《とが》により、夫婦共にこのような格好にした。今後は心得違いを改め、子孫繁昌を願うよう申し付ける』と書いた」

夫の片鬢剃とは、頭の左右の側面の鬢のうち、片側を剃らせる刑罰を言う。もともとは女に乱暴した時に科された刑罰だ。「片鬢を剃れ」とは、著しく男の名誉を奪うのを意味する。一方、髪は女の命であり、「髪を剃れ」とは、女にとってこれ以上の辱めはない。流産したり、不注意で子を死なせたりした場合は、罰する。片鬢の男と、髪を剃られた女の夫婦に縄をかけ、「不心得者」と書いた旗を指して村や宿場町を3日間引き回し、「さらし者の刑にする」というのだ。

赤子を守るため、妊婦の周囲の者たちへも注意を促した。

「懐妊婦人5カ月以上は、着帯（腹帯を着ける）して役所へ申し出よ。母子安全のお札がもらえるはずだ。その郷の陣屋へ渡しておくので、頭《かしら》から受け取るように。出産したら、役所に届けるべし。役人たちも、親類や五人組、隣近所など周りの人たちも気遣ってくれるだろう。生まれた子を害すれば、国家・人民豊楽の妨げになる。その罪は逃れがたい。天罰が下るので覚悟せよ」

祥胤は神仏に母子安全を祈願、法を守らぬ者への刑罰強化を領民に示し、妊婦を取り巻く周囲の者たちへ子供を大事にするように注意を喚起した。

精神的支援ばかりでなく、出生した者へ手当を出すなど経済的支援も行った。内容は次の通り。

★御家中（城下住まいのサムライ）＝3男3女以上を出生した場合、一人に付き、コメ1俵を7歳まで養育料として給与する

★在郷給人（郷村に住むサムライ）、郷士、足軽、職人、奉公人など＝3男3女以上を出生した場合、コメ1俵を7歳まで養育料として給与する（御家中と同じ）

★百姓（農民）＝3男3女以上4男4女等出生の時（資料ママ）、一人に付き、以下の物を給与する

・初年は寿命料1俵、養育料2俵
・2年目は養育料2俵
・3年目は養育料2俵
・4～7年目は養育料1俵

養育料は児童手当であり、「寿命料」は出産祝いのようなものであろう。これらの子育て

政策を「赤子養育仕法」と呼んだ。それにしてもサムライの時代に、サムライより農民側に寿命料や養育料の手当を多く出したところは、注目に値する。「食料を生産する農民の労働力が必要だったから」と言えばそれまでだが、ここはそう簡単に解釈すべきではない。先に述べた間引きや圧殺の禁止、安産祈願と併せて考えれば、領主側の底流に「仁愛」の心がなければできないことだ。

9代藩主・祥胤の治世は19年に及んだ。しかし飢饉が続き、治世19年のうち16年は凶作だった。飢饉ばかりではない。暴風雨による洪水被害、地震や津波、城下・中村の大火、江戸藩邸の類焼、疫病流行など不幸な出来事が相次いだ。加えて幕命による江戸城門警備や琉球人の接待などで多額の費用を要した。倹約令、参勤交代の先延ばしや伝統の相馬野馬追の簡素化などで対応したが、財政ひっ迫はどうにもならない。幕府に1万両の借り入れを求めた。しかし「困っているのはそちの藩だけではない。今まで備えをしてこなかったからそうなるのだ」と断られた。祥胤は再度、願いを立てる。幕府は「人民を捨て置きがたい。やむを得まい」と半分の5000両を貸し下げた。代わりに祥胤は江戸城登城禁止の謹慎処分を受ける。36歳で隠居、51歳で死去した。凶作と災害、借金財政の処理に追われた。対策に取り組んだものの、結果が出ないまま世を去った殿様であった。

子供たちを育てる政策が赤子養育仕法だったとすれば、大人たちに対する政策はどうしたのか。相馬地方の歴史に詳しい岩本由輝さん（相馬市）の解説をいただきながら、相馬藩の復興策をたどってみたい。岩本さんは1937年生まれで東北大学経済学部卒、東北学院大学名誉教授。相馬藩士の末裔である。

一つは、「新軒百姓取り立て」であった。「新軒百姓」とは「納税のできる自立した百姓」の意味。農家の次男、3男を自立させるため藩が各種の便宜を与えて支援、分家を奨励し、農家の戸数を増やそうとした。

城下のサムライの次男、3男を対象に1軒10両貸し下げ、在郷給人として農村に送り出す対策だ。在郷給人はサムライを兼ねた農民を言う。城下のサムライを農村に送り出すのだから、事実上の帰農である。

しかし、人口は思うように回復しなかった。

そこに加わったのが「浄土真宗門徒による北陸移民」の流れであった。赤子養育仕法で子供を大事に育てる施策を講じたが、子供の成長を待っている時間はない。手っ取り早いのが直接、「大人」を他領から移入する方法である。北陸諸国は、田んぼが広がり、コメ所で人々を養う大きな力があった。同時にそこは「浄土真宗王国」だった。浄土真宗は間引きを禁止した。土地の生産力は高かったものの、人口が増え続け、人口過剰に悩んでいた。

移民導入を進めたのは、元藩家老の久米泰翁であった。久米は「荒れ地の開発には他国の農民を入れるしかない」と藩主に献策した。しかし、容れられなかった。徳川幕府時代、農民の他藩への移動は「国禁」であった。財政も窮乏していた。民間では既に、浄土真宗の僧による移民が、少しずつ始まっていた。しかし藩による移民事業は、表向きできることではない。「しからば」と久米は家老職を辞し、民間に入って移民事業に着手した。浄土真宗の僧をつてに、初めて北陸移民4戸の導入に漕ぎ付けたのは文化10年（1813年）であった。彼らを柏崎村（相馬市）、山下村（南相馬市・鹿島）、押釜村、信田沢村（南相馬市・原町）に入植させ、家や農具、食料を与えて開墾に従事させた。移住者たちは郷里の知り合いに相馬の様子を伝えた。やがて北陸から応募する者が増えて行った。浄土真宗の僧侶が先導したのは言うまでもない。

もっとも、北陸移民は相馬藩だけで行われたわけではない。北関東でも天明の飢饉で人口が激減、対策として加賀（石川県）、越中（富山県）、越後（新潟県）など北陸諸国から秘密裏に移民政策が行われていた。

浄土真宗の開祖は親鸞（1173～1262年）である。庶民に分かりやすく、ひたすら念仏を唱える親鸞の専修念仏に対して朝廷・鎌倉幕府は禁止令を出す。親鸞は越後に流罪となる。許されて笠間（茨城県）に移り、草庵を結んで布教活動を行った。主著「教行信証」を著したのもこの地である。

それから何百年を過ぎた時代、笠間藩では天明の飢饉で人口が1万人減、これを見かねた浄土真宗の僧侶が北陸からの移民を建議、加賀藩領に出張して領民を秘密裏に移住させた。これを察知した加賀藩は領民を引き戻そうとする。発覚を恐れ、「移民導入の責任はすべて自分にある」と、入植に関する書類を焼却した上で、先導した僧侶が自害するという事件が起きた。しかし北陸移民の流れはやまず、加賀藩はついに文政3年（1820年）、他領への移民を事実上、黙認するお触れを出した。

「相馬藩は6万石、相手は加賀100万石の大藩だ。争い事は起こしたくなかったのだろう。相馬藩は、加賀藩の動向をしっかり見極めた後に、移民に乗り出した」と岩本さんは解説する。移民事業を本格的に始めたのは、加賀藩の移民黙認のお触れが出てなお4年後の文政7年（1824年）になる。

相馬領の寺院はそれ以前、真言宗や禅宗が中心で、浄土真宗はほとんどなかった。北陸諸国は人口過剰に悩み、庶民は仕事がなかった。農民が流民化した。僧侶も同じで、住職になれる寺がない。長男を跡取りとして国元に残し、次男、3男の僧侶が浄土真宗の空白地帯で布教活動を行い、同時に「就職先探し」に相馬藩領にやって来た。「相馬への北陸移民のきっかけは、今で言う若い僧侶の『就活』ですよ」と言う。相馬藩の移民事業先駆者・久米泰翁も、そんな浄土真宗の僧侶に巡り会ったのが始まりだった。

以上が相馬・双葉地方への北陸移民受け入れ初期の経過である。しかし、内実は決して平坦ではなかった。

荒れ地の跡に

移民たちは、布教僧の手引きで国境を越えた。巡礼者を装い、ひと目に付かないように日中は隠れ、夜間になると街道を歩いた。大人数になると目立ち過ぎる。なるべく少人数で行動した。関所に近づくと、母親は泣きやまぬ赤子の口に乳房を当ててふさいだ。

「相馬に行けば、好きな所を開墾しただけ自分のものになる」「空いた屋敷がいっぱいあるそうだ」「魚が取れる。塩もある」。人々が富裕であれば、移民する必要などはじめからない。移民の大部分は貧しい農民たちであった。「相馬に行けばいい暮らしができる」と夢を抱いた。相馬は民謡が盛んな土地だが、「相馬良いとこ」と歌った民謡は、移民勧誘のＰＲソングだった。

北陸からどのコースを通って相馬へたどり着いたのか、人々は口を閉ざした。他藩からの移民は国禁である。故国とは音信を絶った。どのコースをたどって来たか分かれば、「アシ」

が付いてしまうからだ。

相馬に着くと、浄土真宗寺院や藩の相談所、旧家を尋ねて身の振り方を相談した。だが、現実にそこで待っていたのは、移民前に聞いた話とはだいぶ違っていた。自分たちが開拓しようとする場所は、天明の飢饉から復興していない荒れた田畑であった。日当たり良く、水はけが良い土地は既に在地の農民が占めていた。移民たちに与えられたのは飢饉以来の荒れ地や水はけの良くない沼地や谷地。海側ならば塩害を被る所、山側はまだ手の付けられていない冷涼な山間部だった。「だまされて相馬に来てしまった」と後悔したのかと言えば、そうとも言い切れない。あらかじめ北陸から下見に来て開墾する土地を定め、帰国して家族を連れて入植した例もある。「今さら国に居てどうなるものでもない。相馬の土地に将来をかけよう」と移民たちは考えたに違いない。

「空いた屋敷がある」と聞いたのは、実際には天明の飢饉で逃散した者たちが残した家で、既に廃屋になっていた。あるいは飢饉から何十年も経ち、人が居なくなって建物は潰れたまま、家の跡、土台ばかりが残っていた。人々は土台を利用してその上に自分の家を建てた。移民たちが最初住んだのは小屋掛け程度のものだったであろう。すべてはそこからスタートした。

移民は、加賀、越中、越後が上位を占めた。ほかに尾張、三河（愛知県）、紀州（和歌山県）、但馬（兵庫県）、因幡（鳥取県）、薩摩（鹿児島県）など西日本からの移民もあった。薩摩では関ケ原の合戦の前、浄土真宗の家臣が領主に反乱を起こす事件があり、以来、明治まで300年にわたって浄土真宗禁制が続けられた。宗教弾圧から逃れようとした人々が薩摩からやって来た。因幡の農民は、飢饉に見舞われ、重税にあえいだ。しかし移民たちは多くを語らない。「越中のどこか」「因幡のどこか」と問うても、国の名前以下の詳しい住所、出生地は明かさなかった。国禁を犯してやって来た人々である。国元で貧困、差別の問題、人間関係などさまざまあったのに違いなかった。事件を起こしたり、事業に失敗したりして、そこにいられなくなった者もいただろう。浄土真宗には「弱者救済」の思想が根幹にある。信仰は人々の心の支えになった。彼らは過去を投げ捨て、土地と仕事、信仰の自由を求めて相馬に向かった。「移民事業の源流は何か」と問われれば、「弱者に手を差し伸べた開祖・親鸞の思想、哲学にある」と答えるのが最も適切だろう。

移民を受け入れる相馬藩が用意した政策は、次の二つが柱だった。

①「金主《かねぬし》百姓取り立て」

藩が、中村や原町、小高など町場の富豪である「金主」に依頼して、移民たちに廃屋の改修費や農具、家具、扶持米を提供させる。移民たちはそれを受け取り、荒れ地の開墾を始める。はじめの5カ年は免税とした。6年目から収穫の4分の1は後ろ盾になった商人へ、4

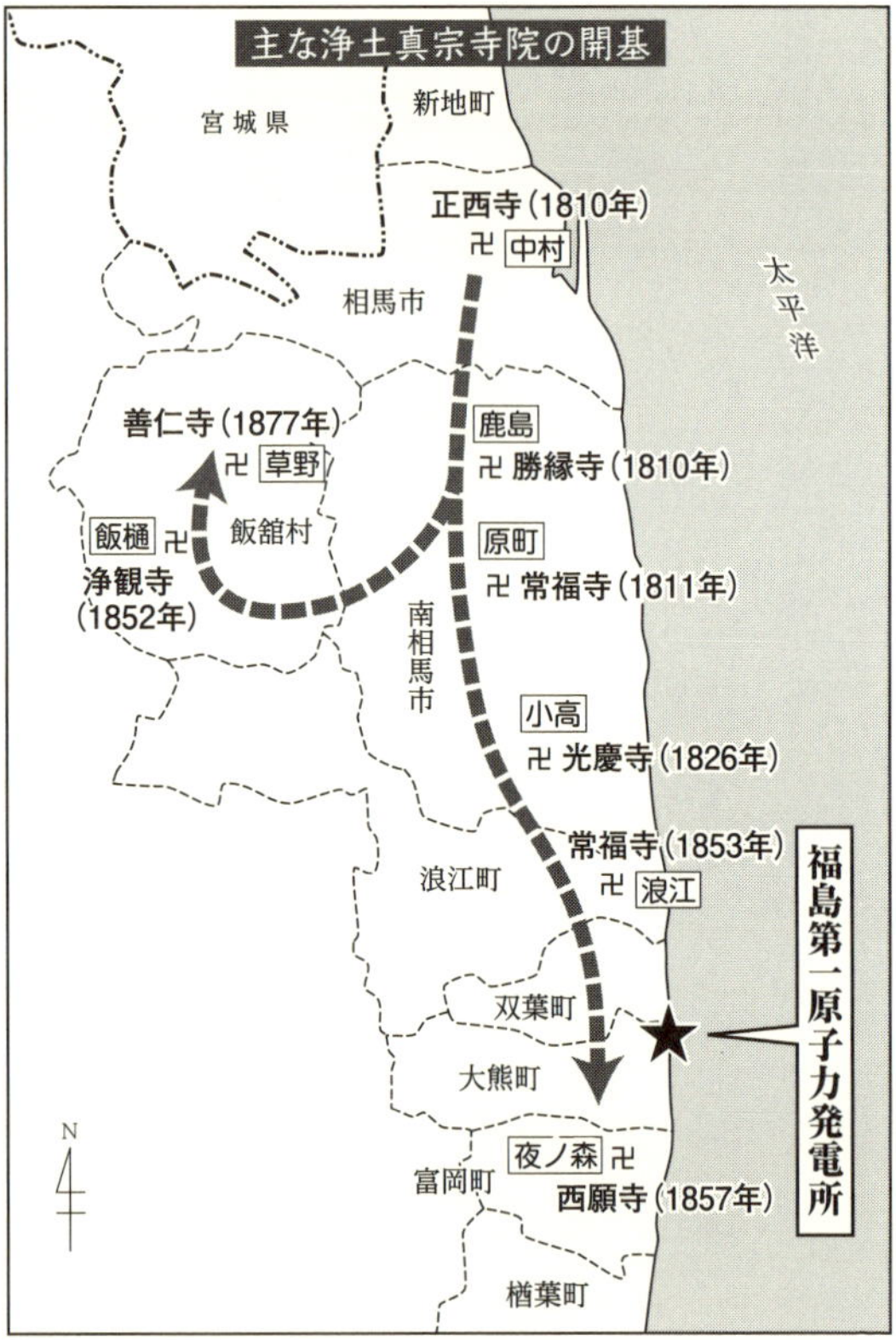

分の1は藩へ納税、残り2分の1を移民が受け取った。

②「お頼み百姓取り立て」

藩が直接、費用を出して自作農を育成する方式。藩は配下にある村役人や肝入、篤志家を通して移民のリストアップを「お頼み」し、彼らを一人前の百姓に自立させようというものだ。藩の資金提供は1軒につき金10両。5年間は免税、6年目から納税させる。この場合、前項の「金主百姓取り立て」と異なり、世話人との地主・小作関係は成立せず、入植者は自作農となる。

初めは①だったが、次第に②へ移行していった。②であれば、藩と農民との間に商人や地主が入らない。中間搾取がなく直接、藩が農民を把握し、税の収納ができるからだ。農民側も「自作農になれる」と思えば力も入る。荒れ地を再生しようとしたのはどこの藩でも行われたが、「相馬藩では自立した農民の育成を目指したのが大きな特徴」（岩本さん）と言う。

では入植地の場所は、時代順にどう推移したのかをここで見たい。それを知るには移民にかかわった浄土真宗の寺が開基した年をたどれば分かりやすい。

北陸移民の入植に伴い、相馬・双葉地方には17の寺が建ったとされる。主な寺を開基した年に従って地図に示した。寺と移民集団は、城下の中村から南下するように鹿島、原町、小高、浪江、双葉へ向かったのが分かる。相馬藩の領外、南に隣接する富岡にも寺が建った。これらの寺のルーツはいずれも加賀、越中、越後である。

入植地は土地の良い所、交通の便の良い所から順次、埋まっていった。人間だから、より条件の良い方から入るのは当然だった。従って、後から来た移民ほど条件に恵まれなかったことになる。例えば相馬領外になる富岡・夜ノ森にある西願寺とその移民集団。元は越中から来た。移民たちは、最初は相馬に行ったが、「時期が遅くて良い土地が得られず、南に引き返してここ（富岡）に落ち着いた」と伝える。僧侶は移民の世話をし、海岸で塩を取るなどして、やがて寺を建てたという。

わが飯舘村＝山中郷に建てられた浄土真宗の二つの寺は、南相馬・鹿島の勝縁寺ゆかりの僧が開基した。飯樋村の浄観寺は幕末に近い嘉永年間に出来た。草野村の善仁寺に至っては明治時代になってからである。山中郷への北陸移民は最後発組だった。いい土地など残っているはずはなかった。

（先に示した地図を見れば分かるように、入植地は北から南へと推移した。流れの後方に200年後、メルトダウンを起こした福島第1原発の立地する双葉、大熊町がある。その先にあるのが福島第2原発の立地する富岡、楢葉町だ。もう一方、鹿島から西に向かった流れ。最後方に第1原発事故で放射能汚染の風雪に見舞われた飯舘村がある。

天明の飢饉後の入植地と、現代の原発事故の被災地とが見事に重なる。シワ寄せは、自然災害も人工災害も弱者へと向かう。双葉地方や飯舘村は、大昔から「歴史の裏面史の吹き溜まり」のような場所に位置していたと言うほかない。）

移民して来た人たちと在地の人々との間では、さまざまな軋轢を生んだ。言葉や習俗の違いがあるのは当然だ。「人口過剰に悩む北陸諸国と、人口減少に悩む相馬地方。利害が一致したところで始まった移民事業だが、実際はきれいごとばかりでは済まなかった」と岩本さんは語る。中でも習俗の違いが最も顕著に現われたのは、葬送の儀礼だった。浄土真宗は、人が亡くなると遺骸を火葬に付す。しかし相馬地方の在地の人たちはずっと昔から土葬である。「死んだ後、体が燃やされるんだって」「火葬する家に、嫁などやれぬ」と言う在地の親たち。葬送の儀礼の違いは、在地の人と移民の間で大きな壁となった。

「女買い入れ」

浄土真宗の信者には、在地の女はなかなか嫁に来ない。さらには、血縁の近い者同士の結婚は避けたいところだ。もともと移民は、女性より男性の比率が高かった。それでは嫁不足が続き人口は回復しない。ではどうする？　そこで相馬藩は、他領から直接、カネで女を買う策に出た。11代藩主・益胤の「御年譜」の天保5年（1834年）5月に次のような一文がある。

「女買入郷々困民無妻之者へ御渡し」

これは「女を買い入れ、村々で貧困に苦しみ妻がない者たちへ渡した」の意味だ。殿様の御年譜に載っている記録だから、相馬藩の「正史」になる。さらに「相馬藩政史」の天保5年6月の稿に「女買入之事」の題で詳しい記録を掲載している。女の買い入れ先は、最上領（山形県）であった。

「領内に女が不足していて農業労働力に事欠く事ありさまなので、他領から女を引き入れるという（藩の）意向は、以前から度々話題になったことである。ただ、女の値が高く、手数もかかるのでそのまま放置されていた。しかし昨年、凶作になり、北国筋では飢えで離散する者が多いと聞く。そこで移民担当役人の××が行って様子を見て来た。すると、今なら女の値が下がっているので手に入りそうだという。その者を交渉役にして最上領から追い追い女を引き入れ、村々の妻のない者たちへ配当されることとなった。

各郷の手代から一人、見聞役か世話役から一人を出し、女の引き受けを命じた。女がこちらに着き次第、各郷に分散して、縁付け（お見合い、結婚）するまでの間、世話人を指定して女を預け、世話をすること。担当役人は、宇多郷は××、北郷は××、中ノ郷は××、小高郷は××、北標葉郷は××、南標葉郷は××。山中郷。

（元の資料には、××の箇所に実名が表記されているが、ここでは伏せる。山中郷は、地名の表記だけで、担当役人の名前は記されていないので買われた娘が山中郷に来たかどうかは確認できないが、山中郷以外の郷には担当役人が実在しており、娘たちが実際にその郷に来たとみてよい）

女が縁付くまでは、預けられた者が女の費用を賄い、その上で役人たちと相談して縁付けをすべきこと。

女を妻としてめとろうとする者は、女買い入れ代金、その他の入用金をすべて負担して縁組すべきこと。それができない者は3分の2、あるいは半分、あるいは3分の1を出し、残りは百姓取り立て料、縁金などから集める。(縁付けは)女と結婚を望む者の人柄によって吟味すべきだ。縁組が整ったならば、人頭(戸籍)は藩主が世話をする。縁金は在地のしきたり通りにすべきである。

女買い入れに出た者の経費や女の路銀(旅費)は、女一人につき2両と見積もり、節約して1両3分として表向きは取り扱って連れて来ればよいだろう。女の年齢は14、5歳以上、場合によっては12、3歳でもよい。引き取る際は手付金を渡し、先方に当城下まで送り届けさせる。城下で受け取った時に全額を渡し、証文をとるよう約定すればよい。

女買い入れのため移民担当役人の××、宇多郷の××、北郷の××の役人3人を遣る。既に城下に来ている最上領谷地村の××に同行させて派遣するのがよかろう」

藩命で、女を買い入れるために役人3人を最上領に派遣する。城下・中村には、既に女買い入れ先の最上領谷地村から窓口役の男が来ていたのが分かる。

行き先の最上領谷地村とは、現在の山形県河北町を指す。河北町は、山形県のほぼ中央部に位置する。かつては最上川舟運により紅花やさまざまな物産、物流の集散地として栄えた町だ。当時の谷地村には、さまざま人の出入りがあったのだろう。

女買い入れの様子を資料から見ると、娘たちに対する扱いは割合に丁寧である。無理やり結婚させるのではなく、個別にお見合いさせた上で双方、合意すれば「契約」の形で縁結びしたようだ。とはいっても、まだ10代前半の娘たちである。判断能力があろうはずがない。藩ぐるみで未成年少女を人身売買していたのは明白な事実である。

天保12年には、女買い入れの実績が、具体的な数字で残っている。

「女買い入れのため支出193両3朱
女買い入れ総数107人
うち52人が縁付
うち11人が子供を出生
うち53人が死亡並びに出奔
うち2人が帰国」

天保5年に始まった「女買い入れ」政策が、天保12年に集計されたものだ。相馬に来た女たち107人のうち、縁付きが52人、出生したのが11人とある。生まれた子供の数は、少ない。そうして、全体の半分が「死亡並びに出奔」したという数字が、娘たちにどれほど過酷な体験をさせたのかを物語っている。

岩本さんは若い頃、山形大学の教壇に立った経験を持つ。山形県の村山地方（県央部）では、子供が言うことを聞かない時に、親が「相馬から人買いが来る」と脅かす言葉が残っていたという。また相馬では戦後間もない頃まで、作男や作女を「もがみ（最上）」の別称で呼んでいたのを聞いたという。

同じく「相馬藩政史」に、「天保年間に村役人を遠く北越方面に派遣し婦女子を買い入れ、妻のない百姓に配偶した。入植して荒れ地の復旧に従事できるか吟味させた」とある。「北越」は越後を指す。藩は最上だけでなく越後からも婦女子を買っていた。しかし、越後からの女買い入れがどのくらいの規模だったのかを示す数字の記載はない。

最上といい、越後といい、「女買い入れ」は、相馬藩の復興策の歴史に刻印された悲惨な出来事であった。

先人の苦闘

浄土真宗による移民から始まって「女買い入れ」まで、さまざまな形で相馬・双葉地方への「移住」があった。歳月を経るに従って農民の数、自作農が増えて行った。そうして、元禄年間の約9万人から飢饉で3万人台まで激減した相馬領の人口は、復興策により幕末まで5万人台まで回復したとされる。岩本さんは明治維新まで合計「3000戸」の移民があったと見る。廃藩置県の段階で、相馬地方は全8900戸の土地と人民を新政府に引き渡した。実に3分の1以上を移民系が占めた。

200年前の相馬藩の復興策から学ぶとすれば「未来を担う子供たちを大事にした」こと、「大人たちには一人ひとりが自立し、生業《なりわい》が成り立つような環境づくりに努力した」ことだろう。それらはどの時代にも通用する普遍的な政策だ。自作農の創設は、太平洋戦争後の農地改革にも影響した。相馬地方では、はじめから自作農が多かったため（土地面積比率で8割）、比較的スムーズに農地改革が進んだという。そして「移民政策」。各地から移民して来た人々は、社会的に弱者の立場にいた。人々に門戸を開放し、移民を受け入れた政策は、弱者救済の意味もあった。

「女買い入れ」の問題は、現代であれば「女性蔑視」「人権侵害も甚だしい」と厳しく指弾されることだろう。それを後世の人間が批判するのはたやすい。しかし、天明の飢饉から這い上がろうとした私たちの先祖は必死だった。「この際、思いつくことは何でもやってみよう」と考えたのではないか。悲しい出来事だが、「女買い入れ」を「苦闘の歴史の一ページ」と解釈するのは許されないことなのだろうか。

なぜ「北陸移民」なのか。現代の感覚では分かりにくいが、江戸時代から明治時代、人口が1番多いのは越後の国、新潟県だった。総務省統計局によるデータを見ると、明治21年＝1888年の人口調査では、次のようになっている。

①新潟県＝166万人
②兵庫県＝151万人
③愛知県＝143万人
④東京府＝135万人

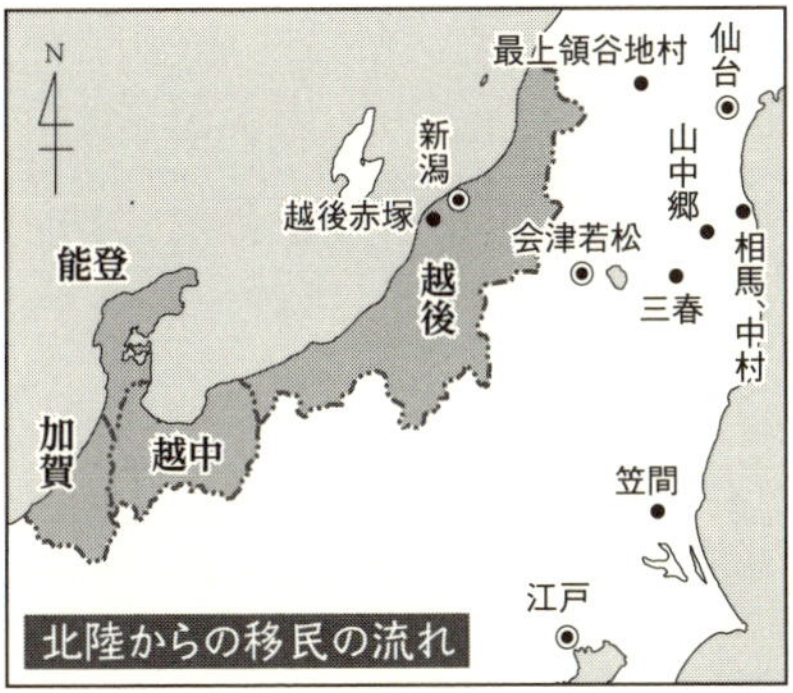

北陸からの移民の流れ

東京よりはるかに新潟県の方が、人口が多い。富山県は75万人、石川県は74万人。越中の富山、加賀の石川は、元は前田家領。富山、石川両県の人口を合わせると149万人となり、こちらも東京より多い。

国民の大半が農民の時代、コメどころである新潟をはじめ北陸地方は相対的に人口が多く、人口過密は政治的課題だった。その後、明治政府の殖産興業で第2次産業が発展、工業化・都市化が進んだ。戦後の経済成長がさらに拍車をかけ、東京、名古屋、京阪神の3大都市圏へ人口が集中していった。

170年前の村の姿

前項では、天明の飢饉以来の相馬藩全体の復興策を述べた。では最も被害の大きかった山中郷ではどんな復興策が行われたのだろうか。残念ながら山中郷に関する資料は極めて少ない。断片的に出ているものから推し量るしかない。

相馬藩は幕末に近い弘化年間（1844〜1848）に二宮尊徳の施策、いわゆる「二宮仕法」を導入した。仕法とは方法、施策の意味。地元では「二宮仕法が相馬の復興に大きく貢献した」という話になっている。堤や用水路を整備して荒れ地を開発。篤農家を育て、倹約や食料備蓄を促し、農村を救済した。「徳を以って徳に報いる『報徳』が二宮の指導理念」だという。

二宮尊徳は、相模（神奈川県）の人。江戸時代の高名な農村指導者で、教科書に載るほどの偉人とされた。相馬・中村城跡には二宮尊徳座像が置かれ、「相馬の人々に生きる光と力を与えてくれた」と説明書きにある。全国各地の小学校に二宮（金次郎）の像が立つ。しかし二宮尊徳は、それほど立派な人物だったのだろうか。ふるさとの歴史を調べるうちに、私は疑問を持った。

二宮尊徳と相馬藩との出会い、仕法導入の経過は次の通りだ（「二宮尊徳の相馬仕法」「飯舘村史」による)。

「二宮は幕府の命令で江戸・日本橋で仕法作成の編集にかかっていた。その間、江戸詰めの相馬藩の家老らと交わった。藩家老が二宮に相馬での仕法開始を依頼すると、二宮は藩に資料提出を求めた。藩家老は直ちに江戸時代初期以来の180年分の貢税資料をまとめ提出した。その姿勢に感激した二宮は、相馬での仕法開始を快諾した。

藩家老らは喜び、相馬に帰って報告した。「では最初に、どこの村で二宮仕法を実施するのが良いか」を協議した。その結果、人々の頭に浮かんだのは、天明の飢饉で大打撃を受けた山中郷の交通の要所、草野村であった。山中郷は夏涼しく、冬は極めて寒い所。荒れ地が多く、田畑の実りは少ない。「これを領内の再生の始めとしよう」と衆議一決(全会一致)した」という。

しかし二宮は言う。

「仕法は、善を積み上げてこれを賞し、不善の場合は善を見習って善に変えるのを目的とする。一村とても同じで、相馬領内で人情風俗ともに良く、模範となるような村を選んで第一番に仕法を開始し、全力を挙げて実効を上げるようにすれば、周囲の村も自ずと怠惰の風を改め、良い村となるだろう。

聞くところによれば、草野村は城下から7里(30キロ)も離れた山村だそうだ。仕法を施せばどのような村でも回復する。しかし、草野村のような村を先にすれば、他の5、6カ村に実施するよりも出費が多くかかる。その割合に効果が上がるまで数十年も遅れる。城下から遠く離れていて、他村の模範にもならない」

二宮は山中郷への仕法導入に強く反対した。藩はやむなく方針を変え、城下南郊の村での仕法開始を伝えた。そうすれば、二宮仕法がより多くの領民に知られやすくなるだろう。相馬藩は二宮に、「山中郷の草野村を選ぶなら、仕法を取りやめる。再び仕法を願ってくるな」とまで言われたという。

弱者に手を差し伸べようとしない。二宮尊徳のこの姿勢には「ヒューマニズムの精神」が欠けている。日本語で言えば「徳」がない。本当に「尊徳」の名前が示すような人物だったのだろうか。実績だけを、数字だけを残せば良いとする功利的な人物だったとしか思えない。二宮は相馬に来たことがない。現地に来て一度も指導していない人物を「郷土の恩人」扱いするのは問題であろう。数字だけを残そうとする二宮の姿勢は、原発事故を起こした200年後の電力会社、そして不適切な対応をした政府の姿勢と何ら変わるところがない、と私は思う。全国の小学校に置かれた二宮金次郎像とは、太平洋戦争以前、無批判に国に奉仕するよう国民に求めた国の歴史教育によってつくられた虚像ではあるまいか。

さらに二宮仕法の導入と同時期の「相馬藩政史」に、次のような記載がある。
「相馬領のうち、山中郷は天明の飢饉による荒廃が他郷より甚だしく、なおかつ山間僻地の集落なので土民ども（住民たち）も、そこに住むのを好んでいない。とりわけ遠国から移民しようとして来た者たちは移住を嫌がっている。当郷では、特別の法律を設けなくてはならない」

山中郷では天明の飢饉からの回復は容易でなく、特別の立法措置を講じなければ救済できない、と訴えている。相馬藩では入植者には5年間は免税、6年目から年貢の半分を納めさせることにしていたが、山中郷については特例として免税期間を10年から15年に延ばした。条件の悪い所はさらに免税25年とした。農具も多く支給し、夫役（労働の役務）も免除した。しかし思うように荒れ地は回復せず、人口は戻らなかった。

かくて山中郷は、「農政の神様」とも言うべき二宮尊徳に見放され、元からいた住民にも嫌がられ、外から来た移民にもそっぽを向かれた、と記録にはある。

山中郷は「さんちゅうごう」と読む。「山の中の村」の意味である。何という安易な名前の付け方なのだろう。藩の役人たちは、地元の人たちと名称についての話し合いも何もしなかったのだろう。相馬地方の中でそういう位置付けをされてきたのが山中郷であった。

（現在も飯舘村の別称として「山中郷」の言葉が使われている。村の出身者はある意味、差別的表現として受け止めている。就職、進学で村を出た子供たちが、まず心傷付くのはこの言葉である。また、一千年の伝統を誇る催事・相馬野馬追でも、祭りには旧相馬藩内の宇多郷、北郷、中ノ郷、小高郷、南・北標葉郷と浜通り平野部の各地から騎馬武者に扮した人々が参加する。しかし、山中郷からの参加はない。）

一体この村は、どうなっていったのか。最近、飢饉後の経過の一端を示す資料が相馬市内で見つかった。「奥相志《おうそうし》・山中郷編」である。この資料には山中郷の「天明の飢饉の直前の村落戸数」と、「天明の飢饉から60年後に村落戸数がどれほど回復したか」を記録、比較した貴重なデータが収録されていた。

本題に入る前に「奥相志」の呼称について触れたい。

「奥相志」とは「奥州・相馬氏の地誌」の意味だ。相馬氏の祖は、関東諸国を制圧、新皇と称して京都政権に対抗した平将門にさかのぼる。本拠地は下総国相馬郡（千葉、茨城県）。源頼朝の時代、藤原氏との奥州合戦に参加して手柄を立て、現在の福島県相馬、双葉地方を与えられた。相馬野馬追こそ、将門以来の武勇の伝統を示す一大催事だ。相馬氏は、関東の祖と区別するために自らを「奥相」と呼んだ。戦国時代に宿敵・伊達氏と幾度も合戦、互角の戦いを演じた。城下・中村が領土の北に片寄っているのは伊達氏への備えであった。

本題に戻る。

「奥相志・山中郷編」を発見し校訂したのが、先にご登場いただいた東北学院大学名誉教授の岩本由輝さんである。きっかけは、相馬藩の学者を勤めた家（相馬市の中村）が東日本大震災で被災、母屋が傷み雨漏りしたため、古文書の整理を依頼された。その作業中に見つかったのが「奥相志・山中郷編」だった。「奥相志」は藩の事業として編纂された歴史地理書。藩領は七つの郷に分かれており、各郷の調査・編集を終えると、その都度藩主へ献上された。しかし「山中郷編」は存在せず、従来は欠落したものとされていた。

見つかった「奥相志・山中郷編」には、各村の大きさ、田畑の面積、住民の軒数、名所・旧跡、伝承、山の名前、神社仏閣などが記されている。特に重要なのは「軒数」である。山中郷を調査したのは嘉永元年（1848年）で、その当時の各村の軒数が書かれている。それと、さかのぼって天明の飢饉で被災する直前、天明3年（1783年）の軒数が併記されている。この間、およそ60年。

例えば、山中郷の陣屋（代官常駐）が置かれ最も大きな集落だった飯樋村の例を見てみよう。

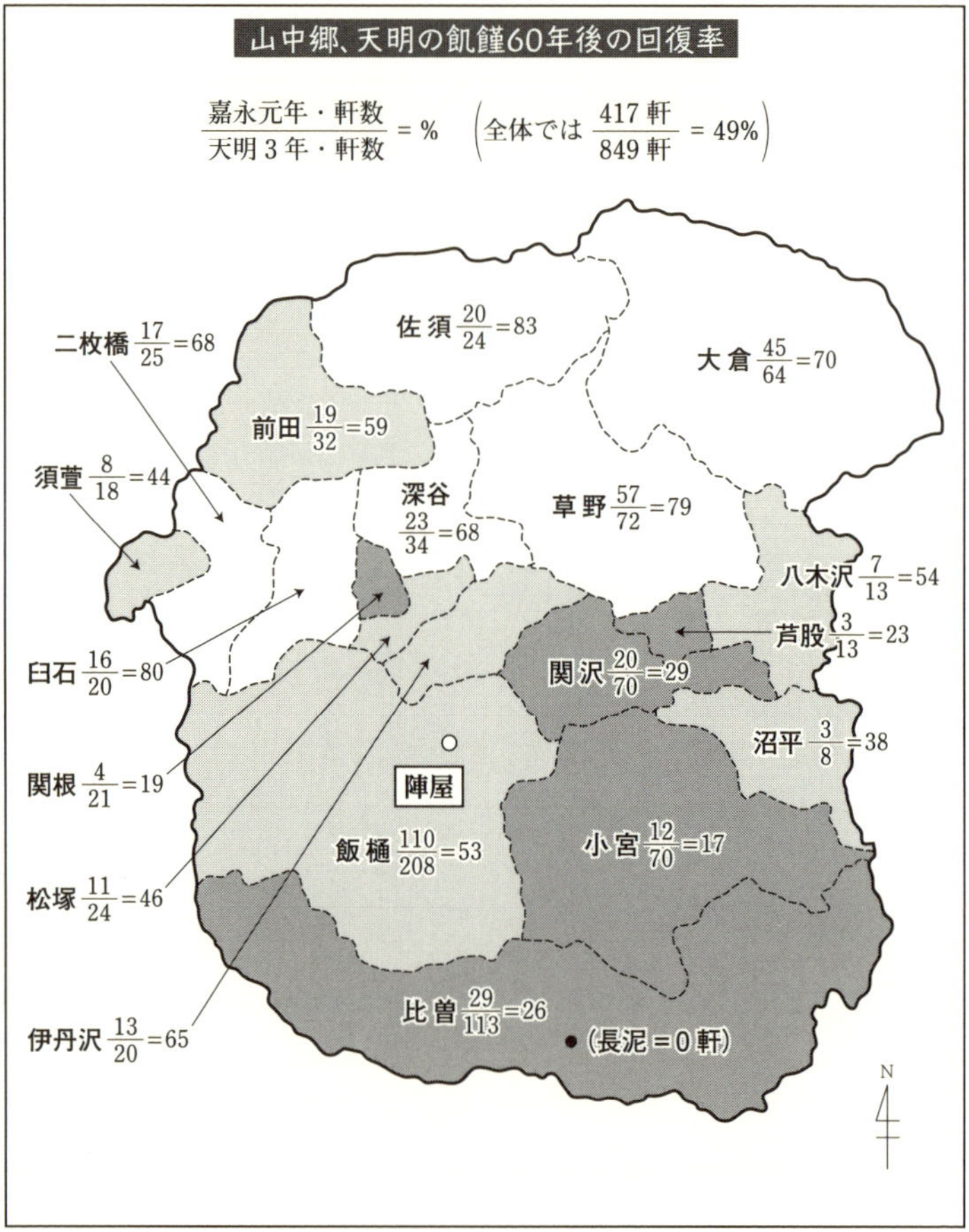

□ 回復率 66% 以上
□ 回復率 31～ 65%
■ 回復率 30% 以下

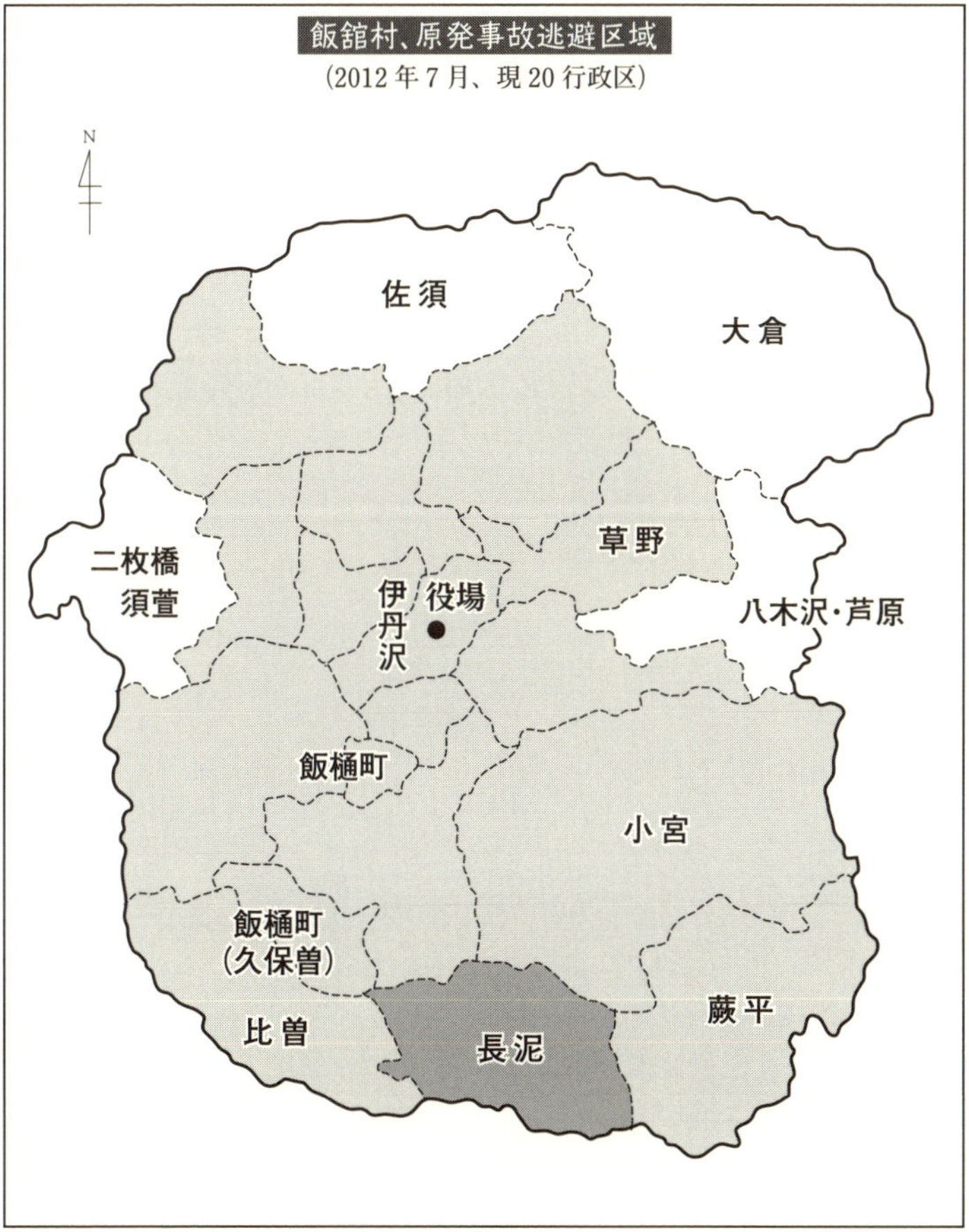

避難指示解除準備区域(年間20ミリシーベルト以下)
居住制限区域(20ミリシーベルト超、50ミリシーベルト以下)
帰還困難区域(50ミリシーベルト超)

「飯樋村
田畑は合計約291ヘクタール（町）
うち約98ヘクタールは耕作できる田畑
うち約192ヘクタールは天明の飢饉以来の荒れた土地
うち0・4ヘクタールは河川の決壊などで流出した田畑
戸数は全部で110軒。1軒が寺、2軒が山伏、1軒が神社、23軒が武士、8軒が地侍、75軒が農民
天明3年には208軒あった」
これによれば、飯樋村は天明3年から、飢饉を経て60年後の嘉永元年、「耕作地は天明の飢饉前の3分の1に、軒数は2分の1になっていた」ことになる。
藩が調査する際、天明3年の軒数を基準にしているのは、各郷が天明の飢饉からどの程度人口が回復しているのかを知りたいという為政者の「意思」を示している。山中郷の現在の飯舘村全体の範囲で見ると、天明の飢饉前に849軒あったのが、飢饉で激減、嘉永元年で417軒までしか戻らなかった。回復率は60年間で49％であった。
「山中郷では思うように復興策の成果が挙がらなかった。そのために『奥相志・山中編』は未完成本として、藩主に提出しなかったのではないか」というのが、発見者である岩本さ

んの見方である。

山中郷の村々の「飢饉前（天明3年）の軒数」と「飢饉後（嘉永元年）の軒数」、そして「回復率」を示すと別図のようになる。回復率は、佐須や大倉、草野など北部は比較的高い。それが、芦股、小宮、比曽（長泥地区含む）など中部から南東部へ行くに従って低下する。回復率が低いほど、飢饉の被害が大きかったと推定できる。

200年後の原発事故避難区域の地図を、別に示した。ここでも、飯舘村の中で長泥地区など福島第1原発に近い南東の集落ほど放射線量が高い。事故現場の放射能が南東からの風雪に運ばれ、村に降り注いだためだ。江戸時代の飢饉も、南東からの海風、冷たいヤマセが吹いて被害を大きくしたのだろうか。

天明の飢饉と原発事故、二つの地図の被災状況が重なる。偶然なのか、あるいは考え過ぎなのか、それ以上は分からない。

今一つ、「奥相志・山中郷編」にある「比曽村」を見てみたい。比曽村は、飯樋村の南側、現在の大字名で比曽、長泥、蕨平にかけての範囲を言う。資料には次のように書かれている。

「比曽村

田畑約１１４ヘクタール
うち約25ヘクタールが耕作可能な田畑
うち約89ヘクタールが天明の飢饉以来の荒れ地
うち０・８ヘクタールが焼き畑で免税地
戸数は29軒、うち１軒が在郷給人、うち28軒が農民
天明３年には１１３軒あった」

天明には１１３軒あったが、60年後の嘉永には29軒しかない。回復率は26％となっている。原発事故で「帰還困難区域」とされ、人が住めなくなった比曽村の長泥地区は、この資料には地名の記載はあるが、軒数の記録は「ゼロ」になっている。天明の飢饉前は、長泥に人が住んでいた。つまり長泥は飢饉で全滅、その後、少なくとも60年間は人口が回復しなかった。現代につながる長泥の人々は、嘉永年間の後に入植した人々の後裔ということになる。

資料に、比曽村に「在郷給人が１軒」とある。サムライが一人、村役人として住んでいた。姓は「菅野」。その血を継ぐ15代目が現当主の菅野義人さん（１９５２年生まれ）である。地区中心部の高台に住む。原発事故前は和牛40頭を飼う農家だった。事故後の全村避難で山を下り、車で30分の距離にある二本松市木幡に避難した。

資料に、比曽村の軒数を示した後で次のような記載がある。

「熊野神社は、菅野家の先祖、白幡但馬（＝菅野但馬、初代）の氏神で、慶長12年（1607年）に比曽村を切り開いた。伊達領飯野（福島市飯野町）より引っ越して来て自分で神社を建て、後に比曽村の氏神とした」

初代・菅野但馬の作った氏神は、今も義人さんの自宅の横にある。小高い丘の上に祠があり、そこに立つと目の前に広がる比曽の盆地が見渡せる。以下、義人さんの取材をもとに比曽の歴史を述べたい。

菅野家・初代が仕えた元の領主が誰なのかは、伝わっていない。関ケ原の合戦（1600年）は既に終わっていたが、安達郡では、例えば伊達政宗の小手森城の合戦があった。家臣の裏切りに激怒した政宗は、女、子供まで含めて敵方の800人を撫で切りにした。敵領民の家畜まで皆殺しにするほど凄惨を極めた戦いで、戦乱の時代の生臭い匂いがまだまだ漂っていた時期。「初代は、開拓できる土地、心の安寧を得られる新天地を求めてこの山中に来たのだろう」と義人さんは言う。

比曽は標高600メートルの山間部だが、高地にしては「これほど」と思うほど平坦部の広がる盆地だ。しかし当時は樹林と谷地に覆われていた。相馬藩の家老に「望みをかなえたければ、ここを開いて人を住まわせよ」と指示された。比曽は、中通りの三春藩と二本松藩、

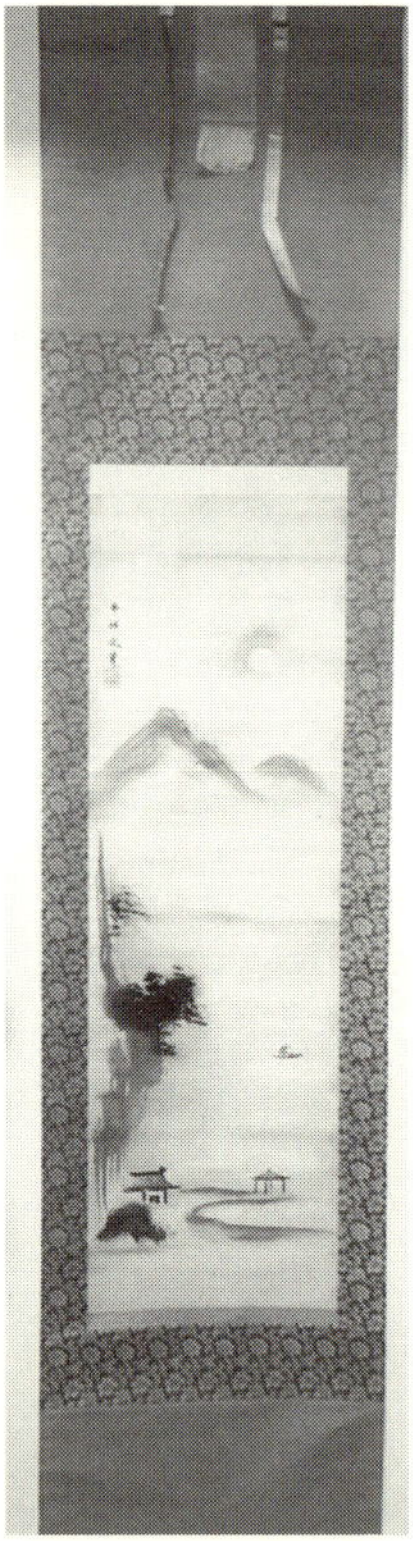

菅野家で保存している祥胤公の山水画

そして浜通りの相馬藩との3藩の境を成す場所にあった。そこに田畑を作り、村の基礎をつくって藩境を固めるよう命じられた。いわば「開拓使」と「国境警備隊長」を兼ねたものが菅野家の役割であった。

開拓を始めると三春、二本松領など主に中通りの領民が移民してきた。樹木を切り倒し、土地を開いた。今でも田畑や水路を掘り起こした時、大木の根に出くわすことがある。以前は小川が幾つも流れ、板を渡すほどの小さな橋がたくさんあったという。

比曽は、浜通りと中通りを結ぶ交易路、人々の暮らしを支える「塩の道」の重要なルートにもなっていた。浜の相馬で塩や魚、干物、コメ、衣類を積み、山中郷との境にある八木沢峠を越え、陣屋のある飯樋村を通って比曽に上った。ここに塩の検断所があった。「塩の道」は、右は二本松城下へ、左は三春城下に至る。比曽が街道の分岐点になっていた。逆に中通りからは比曽経由で木材や鉱物資源などが浜通りに運ばれた。歴代藩主の巡見路にもなっていた。

菅野家には9代藩主・相馬祥胤から拝領した掛け軸が保存されている。その掛け軸を見せてもらった。山水画で、確かに「祥胤」の署名が入っていた。

祥胤の治世は天明3年（1783年）から享和元年（1801年）で、先に述べたように天明の飢饉が起きた年に藩主になった人物。その後も洪水や地震、津波、城下の大火などが続けざまに起き、災害対応に追われた殿様であった。しかし、なぜここに祥胤の絵があるのか、菅野家には由来は何も伝わっていない。祥胤は、はたして山中郷に来たのだろうか。「祥胤公御年譜」にこうある。

「藩主が代わると、代替わりの御巡見がある（各郷を巡見して回った）。しかし山中郷は、山道で坂道が多く、谷合は棚橋（仮の橋）が作られているだけである。近頃の洪水で山が崩れ、河川が決壊し、道の多くが修復されていないので駕馬が通れない状態だ。疫病で死者が多く出た。凶作続きで、人々は困窮している。人も馬も減り、人力が衰えており、御巡見は以前と同じ道筋通りではできない」

「山中郷の笹町、草野村は凶作続きで人も減り、道路の修復もされていない。修復するには、カネがかかる。御巡見はどうか、中村から原町、小高方面（浜通り平野部）を、お通りください」

「御年譜」は、リアルタイムで書かれているわけではない。後でまとめて書いているのである。山中郷は飢饉の被害から回復せず、とても殿様が行ける状態ではない、と書いている以上、祥胤が山中郷に来ることはなかったと見てよいだろう。一方、「御年譜」には、例えば正月行事のところに次のような記述がある。

「寛政10年（1798年）

年始の恒例の式が済んだ。3日に、在郷給人が御礼に1385人、10日に郷士850人」

年始の城中での恒例の式の後、在郷給人や郷士が中村城に登城、あいさつに来たという記録だ。城中で、祥胤は在郷給人と顔を合わせた。その中に菅野家のご先祖が含まれていたと考えるのは自然なことだ。祥胤は、山中郷については、飢饉の起きた天明3年から5カ年、年貢を納めずに済む「免税」の措置を取った。一方で文化人でもあり、絵画をよくした。あくまで推測だが、菅野家に保存されている掛け軸は登城の際、藩主から賜ったものかもしれない。いずれ、打ち続く飢饉の中にあって、比曽村の人々を指導してきた菅野家に対する「督励」の意味を込めたのだろう。この時期、飢饉に関係のないわけはない。

天明の飢饉の直前、比曽の軒数は「113軒」とあった。では飢饉直後はどのくらいまで戸数が減ったのか。記録が残っていないので分からないが、義人さんが昔、明治生まれの祖母や土地の古老から聞いたところでは「3戸とか、7戸と言っていた」と話す。どちらにしても軒数は一桁程度。菅野家は、そのうちの1軒だった。村はほぼ全滅し、人がほとんどいない状態が長期間続いた。ただ城下・中村の記録や他藩にあったような「人の肉を食べた」

というような伝承は、比曽には残っていないという。「村人の多くは、餓死する前に逃散したのではないか」と義人さんは考える。人々が村を捨て去ったため、廃屋が残った。「比曽には、後から来た人が飢饉以前の屋敷を修理して入ったという話が幾つも伝わっている」と語る。あるいは屋敷は朽ちても、土台が残っている。その土台の上に家を建てたという。

天明の飢饉後の移民は、北陸は加賀や越後、近くは中通りの三春領からあった。また、復興策として馬の飼育が行われた。比曽の緩やかな山の地形が放牧地に適していた。今も放牧地の土塁跡が残り、各地に数多くの馬頭観音があるのがその証しだ。

相馬藩全体で行われた天明の飢饉後の復興策については先に述べた。義人さんは歴史の教訓をどう学ぶかについて、こう語った。

「相馬藩は、赤子養育仕法で間引きを禁止、子供を大事に育てようとした。あるいは五人組制度を強化したのは、領民が互いに助け合うよう説いたものだった。囲米は各村に郷倉をつくって食料を備蓄、飢饉に備えた。相馬藩の復興策は人々の『暮らし』の視点を大事にした。今流に言えば、ハード事業よりソフト事業を優先したと思う」

現代の原発事故の復興策は、村の中心部に拠点施設を建設したり道の駅をつくったりのハード事業が中心だ。しかしそれが本当に村民に有益なのか、箱物づくりが将来、維持管理の負担増になって跳ね返ってこないのか、義人さんは大きな疑問を感じている。「村の人たちは、避難先とふるさとを行ったり来たりしている。これから先、神社はどうするのか、お墓の管理は誰がするのか、村のことは土地を切り離しては考えられない。原発事故の後、これからどんな地域づくりをしていくのか、『暮らし』の中身を考える視点を大事にしてほしい」と訴える。

比曽には「奥相志・山中郷編」にも出ている羽山神社、稲荷大明神、愛宕神社、田神神社の四つの神社がある。原発事故前まで毎年の5～9月、それぞれの神社の縁日に「三匹獅子舞」が奉納された。笛と太鼓と鐘で三匹の獅子が舞う。豊作祈願と人々の安寧を祈った催事だ。三匹獅子舞が始まったのは1800年代初期、天明の飢饉の後に始まったと推察される。比曽の三匹獅子舞は、獅子の前垂れに相馬家の家紋、九曜紋の使用を特別に許された。人々は災害で苦しい生活を強いられた。せめて歌や踊りで力添えをしようとしたのだろう。飢饉後の藩のソフト事業の一つとも言えよう。比曽だけではなく、阿武隈山系の周辺の村々、三春領の村でも天明の飢饉後、獅子舞が行われるようになったという。

義人さんは、子供の頃から祖母に「先人が頑張ってきた歴史を忘れるな」と聞かされて育った。先祖は天明の飢饉にあえぐ村人を指導してきた比曽で唯一のサムライであり、明治維新の変革期には肝入を務めた家柄だった。父親は太平洋戦争で中国、マレー、ビルマ（現ミャンマー）の戦地で死線をくぐり抜けて帰国した。そうした先祖の生き方を知ること自体が、義人さんの心の支えになっている。

比曽は標高600メートルの高冷地で、コメ作りの限界地帯である。飯舘村は冷害の常襲地帯だが、特に比曽はいつも被害の度合いが大きかった。近年で記憶に残るのは1980年の大凶作である。真夏なのに綿入れを着た。家の中ではこたつに炭火を入れて過ごした。それほど寒い夏だった。収穫の秋は、モミが薄茶色になった。江戸時代の宝暦の飢饉や天明の飢饉の資料に残っている描写と、まるで同じである。その年、コメは1俵も取れなかった。凶作は1年だけだったが、これが何年も続けば江戸時代の飢饉の再来になったであろう。

「しかし、飢饉に遭っても原発事故に遭っても、私はこの土地を荒れ地のままにしておきたくない。後を継いでいくのが自分の役割だと思う。村に戻るか戻らないかは、一人ひとりの生き方の問題だ。私は、先祖の歴史を学びながら、この地でこれからの生き方を考え続けていきたい」と義人さんは語った。

二つの真宗寺院

相馬藩の時代、山中郷の中心は飯樋村であった。現在の飯舘村・飯樋地区。そこが私のふ

飯樋地区にある山中郷陣屋跡

るさとである。山と山に囲まれた盆地が散在する村の中にあって、飯樋の盆地は最も広い面積を持つ。海抜480メートル。かつてそこは原始の森に覆われ、谷地が巡っていた。古人は一本一本の木を切り倒し、根を掘り起こし、水はけを良くするために水路を作り、田んぼを広げていった。人々の血と汗と涙が、村一番の広々とした田んぼの風景を作り上げたのだ。田んぼの周囲には畑作や牧草地が広がり、里山へと連なっている。

集落の中心部は幾つかの商家が軒を連ね、町並みを形成した。そこから縦横に街道が通じ、山あいの集落と集落を結んだ。飯樋は、山の村の、物流の中心地だった。

相馬藩が飯樋村に陣屋を設置したのは、元禄10年（1697年）である。この年、宇多郷、北郷、中ノ郷、小高郷、北標葉郷、南標葉郷、山中郷の七つの郷（行政区）に再編成、全域で検地を行ない、石高も大きく増えた。元禄年間は相馬藩の人口は江戸時代では最も多い約9万人、

最も勢いのある時代であった。

陣屋が置かれた飯樋村、現在は跡地に説明板が立つばかりだが、藩政時代はここに代官が常駐し、検断や年貢米収納の蔵、馬市場、武術指南の道場、牢屋などがあった。藩の出先の施設、在郷給人や地侍の住む屋敷などで30〜60棟ほど連なる町並みをつくっていた（年代により、差あり）。天明の飢饉後の相馬藩の復興策は、山中郷にはなかなか及ばなかったのは既に見てきた通りだ。そして飢饉からの復興を語る文献資料もない。復興策の手掛かりを得るとすれば、北陸移民を担った浄土真宗寺院の系譜をたどるほかにない。


飯樋の集落の北東入り口に「浄観寺」がある。ここが山中郷で最初に出来た浄土真宗の寺である。現住職は寺岡清之さん（1947年生まれ）だ。本堂と自宅があるが、原発事故による全村避難で宮城県境に近い福島県国見町の仮設住宅に避難した。その後、寺と仮設住宅を行き来しての二重生活。「葬儀、法事は、門徒が避難する二本松市、福島市、南相馬市へその都度出張してお勤めしている」と話す。移動だけでも大変だ。

寺の門徒名簿は、戦前のものはない。古いので戦後の1952年のもの。飯舘村内の門徒の数は「32戸」（現在は80戸）とある。地区別の内訳を見ると、字名で「大火《おおひ》」が20戸、「外内・大久保」が4戸、「久保曽」が4戸、ほか「飯樋」の中心部などに4戸。「大火」は飯樋の北

飯樋地区の浄観寺

西部にある集落で、ここはほぼ浄土真宗の移民の集落と言ってよい。元の出身地は加賀や越後と言われる。地区の山側には門徒専用の火葬場があり、葬儀の時はそこで薪に火をつけて遺体を荼毘に付す。東日本大震災、原発事故前まで使われていた。

浄観寺は嘉永5年（1852年）、鹿島（南相馬市）の浄土真宗の僧侶、杉岡了海が開基した。了海の妻は、鹿島の勝縁寺の第2世住職の娘である。勝縁寺は、相馬藩の移民事業で大きな役割を果たした浄土真宗の寺院で、祖は越中・高岡と伝わる。

浄観寺ができた年は、天明の飢饉の回復状況を調査した「奥相志・山中郷編」がまとめられて4年後のことだった。「山中郷の人口が、どうにも回復しない」とでも言われたのだろうか。藩の山中郷への移民政策に応じたのが杉岡了海で、「最初、飯樋村に北陸移民10戸を招いた」と記録にある。寺を建てる際は農民とセットで移住するのが条件だった。食料の担保がなければ、何事も始まらないからだ。了海は以前から寺の建立を志していた。移民を連れ山中郷を目指した。

この年はペリー提督率いるアメリカ艦隊「黒船」が浦賀沖に来航する前年で、明治維新に「あと16年」に迫る時期だった。相馬領への北陸移民が始まって既に40年以上が経過、山中郷にやって来た移民たちは最終ランナーだった。「移民は、相馬の平野部から順に入植した。いい所は先に取られ、後から来た移民は山の方に来るしかなかったのでしょう」と苦笑する寺岡さん。「寺は入植した人たちの心のより所になった」と付け加えた。

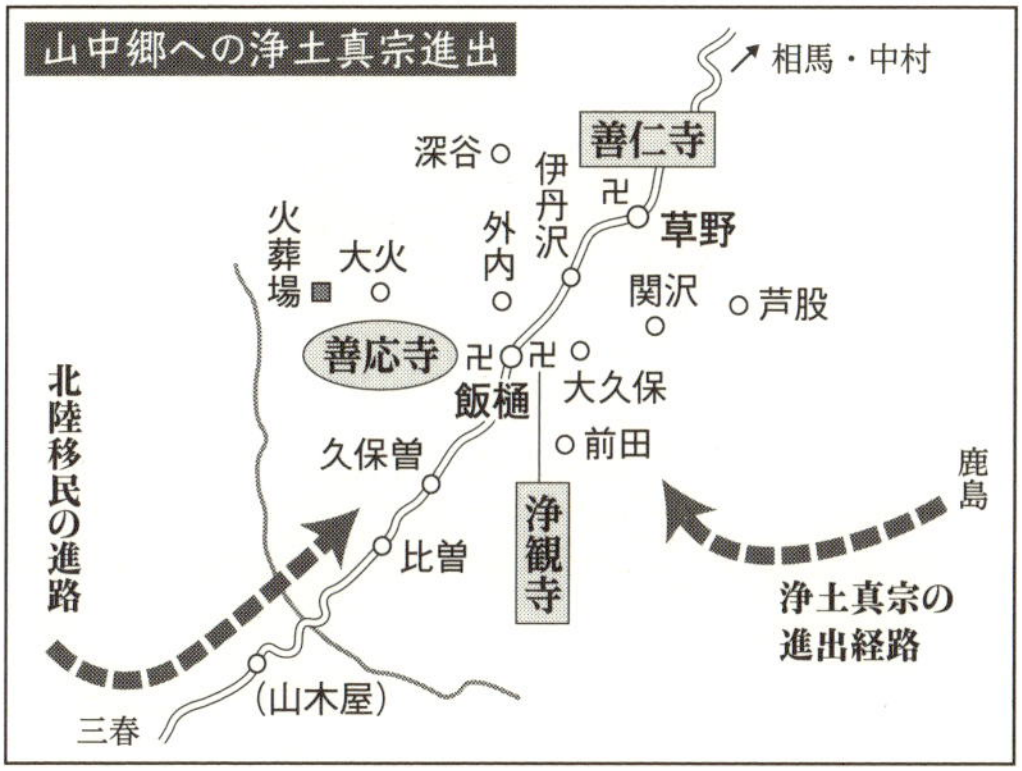

しかし、山中郷に初めて寺を開基した杉岡了海だが、思うように檀家は増えなかった。飯樋村にはそれよりずっと以前、真言宗の「善応寺」があった。寺の開基が応永13年（1406年）というから、古い歴史を持つ。村人の多くは善応寺の檀家だった。そこには藩の陣屋があり、何人ものサムライがいた。いわば「城下町」。新興勢力の入る余地は少ない。それに村人は昔から葬儀の儀礼を「土葬」にしていた。浄土真宗の「火葬」の習慣に対する強い反発があったに違いない。

草野地区の善仁寺

飯舘村には、浄土真宗の寺がもう一つある。草野地区の「善仁寺」で、地区中心部の旧跡・館山の麓にある。住職は杉岡誠さん（1976年生まれ）だ。

「飯樋村で檀家が増えない。そこで目を付けたのが北東部に隣接する草野村だった。交通の要所で、当時は相馬氏の館の丘陵地の麓に、在地の人々の家が張り付いていた。しかし、周囲は湿地帯が広がり、田んぼは少なかった。杉岡了海はここに入植者を入れ、水路を作り、鍬を入れて田んぼを広げた」と誠さんは解説する。

草野村と言えば、かつて二宮尊徳が「あんな所は駄目だ。話にならない」と二宮仕法の対象とするのを拒否した村である。杉岡了海はそこに新天地を求めた。草野村に出て布教活動を行い、開拓を指導した。

やがて門徒の数が飯樋村より草野村の方が多くなった。「寺をこっちに移転してほしい」という要望が高まった。了海が草野村に「善仁寺」を創建したのは明治10年（1877年）だった。

（これにより、飯樋村の浄観寺は、一時は草野村の善仁寺の説教所となった。両寺とも開基は杉岡了海である。浄観寺の現住職・寺岡清之さんは第4世5代目、善仁寺の現住職・杉岡誠さんは第5世6代目。どちらも了海の末裔で、両寺の兄弟関係は今も続いている）。

戊辰戦争が終わり明治になると、廃藩置県で相馬藩は消滅した。しかし、時代が変わったからと言って何もかも変わるわけではない。北陸から相馬への移民の流れは、明治になっても続いた。「江戸時代、飯樋村へ入植した人たちは、相馬藩から土地の提供を受けた。移民は藩直営の復興事業として行われた。しかし草野村の善仁寺の門徒、入植者の多くは明治維新以降の人たちだ。自ら土地を探し、田畑を切り開かなければならない。公営の移民政策の恩恵は受けなかった。条件が不利な山野を開拓したパイオニアたちだった」と言う。

善仁寺の創建時の門徒は「43戸」とある。地域別に字名で言うと「草野」が12戸、「深谷」が12戸、「伊丹沢」が12戸、「関沢」が4戸、「芦股」が2戸などとなっている。出身地は越後が最も多い。次いで但馬、丹波、京都、紀伊など。その中には戦国時代、織田信長との戦いに敗れた朝倉氏の家臣の末裔の方がいるという。しかし入植者の多くは、なぜ山中郷まで来たのか、その理由や移民ルートはよく伝わっていない。おそらく国元でさまざまなことがあったのだろう。いずれも多くは貧しい農民たちだった。

現在の善仁寺の門徒は138戸。原発事故で誠さんは国見町の南に隣接する桑折町に避難した。門徒は福島市、伊達市、南相馬市などに分散、避難した。誠さんは現役の村役場職員でもあり、平日は飯舘村の役場に勤務している。土、日曜日は法事などで各市の門徒を回る。避難先と勤務先と門徒の法事との三重生活。「休みなしの日々ですよ」と、汗を拭きながら語ってくれた。

越後の人

冒頭に述べたように、私のふるさとは飯舘村の飯樋である。そして私自身が、越後移民の末裔である。父方の曽祖母が新潟出身だった。

曽祖母の旧姓は「細山」、名は「イサ」、姓名「細山イサ」と言った。明治27年（1894年）生まれ。生地は現在の「新潟市西区小見郷屋」で、今もそこに細山家の本家がある。ここも浄土真宗の村だった。イサ婆ちゃんの両親は、跡取り息子として長男を本家に残し、次男と長女と次女の子供3人を連れて新潟を出た。次女がイサ婆ちゃんである。飯樋に着いたのは「2歳の頃」というから、新潟を出たのは明治28年（1895年）頃なのだろうが、はっきりしない。

父親は大工で途中、大工の仕事をしながら移動、新潟県から福島県側に出た。最初の落ち着き先は「三春」だった。新潟からどのルートを通ったのかは定かではないが、普通に考えれば新潟から越後街道を東へ進み、会津へ出る。そして猪苗代を越え、中通りの三春に出たのだろう。

旅の途中、場所は分からないが、盗難に遭った。父親が駕籠屋を雇って幼いイサ婆ちゃんを乗せて山道を行った時だ。水が飲みたくなって荷物を駕籠屋に預け、沢に下りた。元の場所に戻ってみるとさあ大変、駕籠屋もおらず、荷物もなくなっていた。そんなエピソードを子や孫たちに語っていた。

イサ婆ちゃんはよく「三春」の地名を口にした。細山一家は、三春でしばらく大工の仕事をしていたのだろう。その三春の町に、山を越えて飯樋村から大工がやって来た。同じ新潟出身のその大工に「山中郷で仕事がある。来てみないか」と誘われたのがきっかけだった。

越後移民の生き証人・イサ婆さん（筆者の曽祖母）

旧藩の城下・三春―川俣・山木屋―山中郷・比曽村―飯樋村のルートは、藩政期からの「塩の道」で結ばれ、人の往来、物流の行き来が盛んだった。細山一家は、三春から山木屋に出て、峠を越えて比曽村へ。さらに飯樋村に降りた。そして「わらじ脱ぎ」と称して、その大工の家

にしばらく世話になった。

山中郷での大工の仕事とは今一つ定かではないのだが、比曽村での学校建設だったとも言われる。この時期の「飯舘村史」をひもとくと、例えば明治13年（1880年）の記録に「比曽の小学校分教場は寺院を修繕して仮使用とする。ただし建物の内部が暗く、大気の流通も遮られているので、漸次修理し、児童の健康を図らなくてはならない」とある。さらに記録を追うと、明治中期、後期と教育施設の整備が進められている。イサ婆ちゃんの父親は、そんな仕事を請け負ったのかもしれない。「比曽村から仕事の帰り、夜遅くなってしまい、途中で幽霊に出くわした」という話が子や孫たちに伝わっている。

細山家はやがて、飯樋村の中心部に居を構えた。新潟県から福島県へ、正式に転籍したのは明治41年（1908年）のこと。父親が亡くなると、新潟から伴った次男が後を継いだ。長女も地元の人に嫁ぎ、次女のイサ婆ちゃんは地元の炭焼き職人（私の曽祖父）と所帯を持った。後、300メートルほど離れた細山家のソバ畑に新居を建てた。昭和の初め頃らしい。小さな平屋建てだった。それが私自身の生まれ育った家、実家である。

曽祖父は、周辺の里山に入って窯を作り、ナラやクヌギの木を切って炭を焼いた。出来上がった炭を馬の荷鞍に載せ、西隣の川俣町に運んで売っては日銭を稼いだ。はじめは田んぼや畑の土地さえ持てず、炭焼きを生業にしていた。顔立ちは良い人だったが、毎晩のようにドブロク（濁り酒）ばかり飲んでいた。酔っぱらってくだをまくひい爺さん、私にはそんな記憶しかない。曽祖父は、私が小学1年の時に病死した。

一方のイサ婆ちゃんは働き者だった。朝から寝る間まで田んぼ仕事、畑仕事、食事作りの毎日。私が物心ついた頃、家で養蚕をしていた。家の前に井戸があり、イサ婆ちゃんはその井戸水を使って売れ残りの繭玉を鍋で煮た。中のサナギを取り、木枠に繭玉の四方を押さえて広げ、ハンカチのような形にして引き綿を作った。私は横にいて、その作業をよく見ていた。引き綿は綿入れの素材などに使われた。イサ婆ちゃんを思う時、いつもその光景が思い浮かぶ。

イサ婆ちゃんは、文字の読み書きができない人だった。自分宛に手紙が来ると、私の名前を呼んで恥ずかしそうに「読んでくれ」と言った。私が読んで聞かせると、「婆ちゃんは10日も学校に行かなかったから、字が読めないんだよ」と笑った。その笑いの中には「哀しさ」が含まれていたのを、私は子供心に感じ取った。明治5年（1872年）、新政府は学制を発布。翌6年には、この山深い集落にも小学校が開設された。飯樋は山中郷の中心だった。細山家から小学校まで300メートルと離れていない。

イサ婆ちゃんは、本当は学校に行きたかったのだ。生まれながらにして移民の子という運命を背負わされ、同世代の子供たちが学校に行くのを横目に毎日毎日働いた。貧しさ故に義務教育を受けることができない。長じて、マッチ棒で自分の名を「イサ」と、かたどるところまでしかできなかった。しかし選挙の時は必ず投票に行った。その度に子や孫に当選してほしい立候補者の名前を紙に書いてもらい、投票所で書き写した。

子供は7人あった。上から6人は大震災前に亡くなった。末娘の森永安子さんが健在で、昭和6年（1931年）の生まれ。原発事故で避難して、村内から福島市松川の仮設住宅に入った。イサ婆ちゃんについて、こう話す。

「母のイサは、『その年は餓死年《がしどし》だった』と言った。餓死年はコメや野菜が取れない年のことで、新潟も凶作だった。母の父親は大工をしていたが、大工の仕事もなくなった。どこかいい所はないかと探していると、相馬の山の中で仕事があるそうだと聞いた。『それでこの村に来たんだよ』と話していた」

イサ婆ちゃんは一度だけ、故郷の新潟に帰ったことがある。昭和12年（1937年）10月、新潟に残した細山家本家の長男の息子が中国大陸で戦死した。陸軍新発田連隊に所属、日中戦争が始まり北支で機関車を運転中、迫撃砲を受けた。元は鉄道マンだった。

葬儀は村葬で行われる。福島県側からは細山家の人たちやイサ婆ちゃん、母親の胸に抱かれた安子さんらが向かった。郡山経由で磐越西線を乗り継ぎ、新潟駅に着いた時は明け方だった。そこから越後線に乗り換え、越後赤塚駅で下車。駅に細山家本家の人たちが迎えに来ていた。「田んぼの中を行った。堀があって橋を渡った。本家は大きなかやぶき屋根で、部屋もいっぱいあった。コメがたくさん取れる所で、豊かな所だと思った」と安子さんは回想する。イサ婆ちゃんも「新潟は山がなくて、田んぼがずうっと広がっていた。いい所だったよ」と、よく話した。

イサ婆ちゃんは、おしゃれでいつも身ぎれいにしていた。越後が生んだ今太閤、田中角栄元首相の大ファンで、田中元首相がテレビに写し出されると、うれしそうに見入っていた。イサ婆ちゃんこそ、越後移民の生き証人であった。越後人としての誇りと帰属意識を終生、持ち続けた人だった。私が社会人2年目の時に亡くなった。87歳だった。

新潟市の細山家本家とは、法事などを通して行き来し交流を続けた。東日本大震災、原発事故が起こると、福島市内の借り上げアパートに避難していた私の父と母のところに細山家本家から支援金やコメが送られてきた。真冬、福島市内では珍しいほどの大雪が降った日、私は両親の避難先アパートを訪ねた。父と母は「新潟からコシヒカリが届いたよ」と、うれしそうに話していた。

こんな話もある。

明治時代、越後から山中郷へ移民した細山家一家と行動を共にした若者が一人いた。飯樋の隣、前田地区に住む佐藤隆芳さん（1938年生まれ）の祖父である。没年の記録からして慶応元年（1865年）頃の生まれ。大工をしていたイサ婆ちゃんの父親の仕事仲間だった。

その若者が細山家と一緒に新潟を出たのは30歳の頃。まだ独身だった。イサ婆ちゃんら細山家の子供たちの遊び相手もしただろう。飯樋村に着いてからも細山家と一緒に行動した。やがて独立して前田地区の佐藤家に養子に入る。旧姓は不明。

青年は、指物大工だった。今も隆芳さんの家に残る神棚が、その人の作品である。大正時代に死去した。隆芳さんは「細山家にはお世話になったのだから、付き合いを大事にするように」という祖父の言葉を、父親を通じてよく聞かされた。細山家と、細山家の長女の嫁ぎ先、そして次女の嫁ぎ先である私の実家とは、現在も親しい付き合いをしている。越後移民の絆は強く、隆芳さんの家と細山家一族との交流は百数十年にわたって、原発事故後も避難先の福島市内で続いている。

ここでは私自身の例を書いたにすぎない。

「先祖は、新潟から来た馬具作りの職人だった」「俺のところは新潟の石屋だった」「うちは加賀から来たのよ」。それぞれに移民物語を持つ人が、飯舘村には大勢いる。

飯舘村＝昔の山中郷は、相馬地方で最も土地の条件や交通の便に恵まれない所だった。良い土地は先に移民した人たちに取られたから、後から移民して来た人が不利になるのは当然だった。イサ婆ちゃんが越後から山中郷に来た時は、天明の飢饉をきっかけに相馬領で移民事業が始まってから、実に80年以上過ぎていた。

「せっかく新潟から来たんだから、山中郷で途中下車しないで、いっそのこと、里（浜通り平野部）まで下りればよかったのに」と、孫やひ孫たちに冗談交じりにからかわれたイサ婆ちゃん。ただただ、ほほ笑むばかりだった。もう少し優しい言葉を掛けてあげればよかった、と今は思う。

飯舘村の人たちは、江戸時代の過酷な飢饉を生き残った農民と、厳しい風雪に見舞われるのを承知の上で山中郷の土地を選び耐えてきた北陸移民の双方のＤＮＡを併せ持つ人々である。

ふるさとの歴史、家族のルーツを調べるうちに、私自身もそのＤＮＡが刻まれた人間の一人であることに気が付いた。

第3章 ◎ 帰郷・2017年

村の灯、心の灯

飯舘村の綿津見《わたつみ》神社の宮司、多田宏さんは「村の灯《ともしび》」だ。原発事故が起きた後も一貫して村に留まり、村人を見つめ続けた。

厳冬期の2月、その神社を訪ねた。地球温暖化の影響か、山の中の村でも雪は少なかった。多田さんに避難中の生活をうかがった。なぜ村に留まったのか？

「神社は、氏子とのつながり、地域とのつながりを大事にする。宮司がいなくなれば、村人に『神社は終わったもの』ととられかねない。村人と神社との『断絶』は、私の意思に反する。祭祀は一度途絶えると復活はなかなか難しい」

宮司の役割は、地鎮祭や新車のお祓いばかりではない。家を建てる時、「鬼門はどっち？」と村人から相談を受ける。その方角には家の出入り口を付けない。人間関係や家庭内の悩み事を聞く。「悩める人は、人に話すだけでもすっきりする。心の負担が軽くなるものだ」と言う。地域の人々の精神的な受け皿の役割を果たしてきたのが神社である。

「原発事故で被災した人々には、宗教的ケアが必要だ。宗教者が一人ぐらい、村に残っていなくては、と思った」

全村避難を余儀なくされた中で、村を見守り続けた「心の灯」が、神職の多田さんだった。家族は村外に避難。神社に一人残り、掃除、洗濯、料理も自分でした。幾度もの冬を越した。2014年2月には60センチの大雪が降った。小型ブルドーザー式の除雪機を購入し、自分で運転もした。1947年生まれ。70歳を過ぎた身にとって除雪作業はきつい。が、「まっ、いいか。春になれば雪は解けるさ」と思うことにした。夜は一人で寂しくならないのだろうか？「大丈夫。神社に居れば、神様も一緒だから」と笑った。

綿津見神社本殿の前に立つ多田宏さん

綿津見神社は村の中心部、草野地区の西北部にある。創建は大同2年（807年）。浜通りの浪江町にあった苕野《くさの》神社が起源で、木と水の神様を祀った。災害に遭って、山中郷に移されたと伝える。一方、江戸時代、山中郷・草野周辺は相馬藩の家臣、熊川氏が領した。領民の安寧を願い、氏神の八龍大明神を苕野神社と同じ社殿に祀った。明治3年（1870年）、両社を合わせて「綿津見神社」と改称した。

多田家は文化12年（1815年）、相馬から来た。現在7代目。村内には飯樋地区の大雷神社や愛宕神社のほか、大久保地区の八幡、比曽地区の羽山、稲荷、田、愛宕、小宮地区の稲荷などおよそ20の無住神社があり、そのほとんどを多田さんが兼務している。原発事故前は、綿津見神社の例祭（4月29日）をはじめ、兼務する各社の例祭を季節ごとに行った。歳神様の御祈禱（年末）で氏子800戸を回り、最後は綿津見神社でお焚き上げをした（大晦日）。原発事故後は、兼務社の例祭は地元から要望のある所だけに赴いている。もう5カ所程度になってしまった。

避難中の村人が時折、神社に参詣に訪れた。福島県外に避難している人の話で「子どもがクラスで差別された。先生に相談しても、その先生に蔑視される」というのがあった。県内に避難している人の話、「飯舘村の人は賠償金をもらっているのだから、働かなくてもいいだろう、と言われた。家族がバラバラにされたのに……」。避難者は社務所でお茶飲みをしていく。何よりの気晴らしだ。話し相手をすることが多田さんによる「心のケア」である。

氏子を含めて、高齢化したとはいえ、この頃は亡くなる村人が目立って増えた。「避難生活のストレスが影響しているのは間違いない」と言う。村人が一人二人といなくなっていくことが、何より寂しく感じる時だ。

多田家が草野村にやって来る前の寛政年間、神社は野火で焼失した。天明の飢饉の後のことで、飢饉の記録は何も残っていない。「人々は草の根や木の皮を食べた」とは伝え聞いたが、第2章で述べた「宝暦山中郷飢饉聞書」や「天明救荒録」の範囲内のことしか分からない。神社に独自に伝わる昔語りも「ない」と言う。山中郷では、飢饉前の町並みも、親から子へ継承する民話も、何も残らなかった。飢饉の前と後では、歴史の大きな「断絶」が起きた。飢饉で一挙に人間がいなくなったのだから、当然のことだった。

天明の飢饉前、現在の飯舘村の範囲の人口は5000人ほどだった。それが飢饉で激減。相馬藩は移民政策、自作農育成で人口回復を図った。それが幕末、明治と続く。村の人口が元の5000人規模に回復するのは大正時代になる。天明の飢饉から、復興事業を始めて実に100年かかった。

「原発事故後の村がこれからどうなるのか、私は、その行く末を見極めるために生きたい。天明の飢饉は自然災害だった。原発事故は人災だ。しかし科学技術の進歩によって100年かからないで村が復活する可能性だってある。希望を持たなくては。悪い方にばかり考えても仕方がない。『凶』を『吉』に換える方法をみんなで考え、模索しなくてはいけないと思う」

帰村宣言

2017年3月31日、飯舘村交流センターで帰村式「いいたてむら　おかえりなさい式典」が行われた。帰還困難区域を除く居住制限区域と避難指示解除準備区域の避難指示が解除になった。原発事故で全村避難となって以来、実に6年ぶりである。菅野典雄村長が、帰村宣言を行った。

「私たちのふる里飯舘村は、本日午前0時をもって6年という長い避難生活が解除になりました。しかしこれはゴールではなく、スタートです。6年前、2年ぐらいで帰りたいという希望のプランを立てました。それが6年かかり、みなさんには申し訳ないと思っています。これからは加害者、被害者の意識を越え、愚痴や不満は言わず、新しい村づくりに取り組んでいかなくてはならないと思います。自主自立の考えなくして村の再生はあり得ません。放射能の問題があり、なかなかかなわないこともありますが……。

この6年間、多くの人たちから支援を受けました。全国の飯舘村ファンへ感謝します。本当にありがとうございました」

村長の菅野典雄氏は村の北部、佐須地区の出身で帯広畜産大学を卒業した後、実家に帰り酪農を営んだ。村公民館の嘱託館長を務め、1996年の村長選で初当選、第5代村長に就任した。帰村宣言の時は、6期目となる長期政権の中にあった。

平成の大合併では、隣接の市との合併を拒否。自主自立の村づくりを進め、「丁寧に、心を込めて」の意味の方言から取った「までいライフ」を村の暮らしのモットーに掲げた。ユニークな企画を次々と打ち出して「村おこしの旗手」として、一時は全国的に注目された。

しかし原発事故で全村避難という未曽有の苦難に直面。村をどう立て直すか、その歳月は苦悩の日々であったに違いない。一方で長期政権に反発する人も、数多くいる。取材を進める中、菅野村政に対する支持、不支持の声が各方面からさまざまな形で聞かされた。原発事故後の事態が一向に好転しない。村政批判は、村民のいら立ちの現われでもあった。しかし、ここではそれ以上語るまい。たとえどんなに優れた人物が村長になろうと、原発事故という巨大な化け物に遭遇し、全村避難でバラバラになった村を、村民の誰もが納得いく形で復興させ元に戻すことなどできるわけがない。それは誰の目にも明らかだった。

＊

「天明の飢饉で一挙に村の人口が激減した。200年前の江戸時代に、現代の原発事故と同じようなことがあったのではないか」というのが、本書を書くに当たっての筆者の仮説である。そうして、先人は飢饉からどのようにして立ち上がろうとしたのかを探った。歴史の舞台となった現場を歩き、資料を読み進めると、天明の飢饉と原発事故で被災した人々の境遇、対応が、私には二重写しに見える。大災害で短い時間のうちに人間が一挙にいなくなった。残ったのは廃屋と土台ばかりであった。

試行錯誤を繰り返し、先人が行き着いた新しい村づくりに向けた復興策とは、

①未来を託す子供たちを大事に育てようとした。

②大人には自立できる働く場の提供、環境づくりに努めた。

③門戸を開放し、弱い立場にある人々を移民として積極的に招き入れた。

——の三つに集約できる。それらの復興策は、現代にも通じる考え方だ。

しかし、原発事故被災地で現代の人が、この三つの復興策を実行しようとしても、最後には「放射能」という大きな壁にぶつかる。そこに自然災害と人工災害との根本的な差異がある。先人は天明の飢饉に遭い、飢饉前の人口に戻すのに100年かかった。今度の原発事故では、事故前の人口を回復するのに何百年とかかるのだろうか。

あるいは、元に戻ることなどあり得ないのだろうか。だとすれば、人間の進歩とは、科学の進歩とは一体、何なのか。

帰って来た人たち

帰村宣言から1カ月後、5月1日現在の飯舘村役場の集計による現住者は次の通り。
▽帰還者＝111世帯、259人。事故直後からの未避難者＝9世帯、11人。老人施設入居者＝33世帯、33人。
合計して村の人口は153世帯、303人となる。原発事故前は人口約6000人の村。「5％」からの新しい村づくりの出発であった。


春、新緑まぶしい季節。5月のゴールデンウイークを利用して、私はふるさとの飯舘村・飯樋地区で帰村者の聴き取り調査を行った。ほぼ東西に広がる飯樋地区の中心部は、震災前は70世帯あった。うち帰村したのは10世帯、20人ほどである。

集落の東の入り口でパーマ屋さんをしている巻野順子さん（1963年生まれ）に聞いた。

なぜ帰村したのか？

「自分の家だから戻っただけ」

原発事故で福島市内に避難した。避難中、顧客の予約が入った日に時間を合わせて村に戻り、自分の店を開けてパーマ屋さんの仕事をした。連絡してくるのは、原発事故前からのお客さんである。「帰村前も帰村後も、何も変わらない。昔からのお客さんとのつながりを大切にしたい」と言う。夫は福島市で働き、行ったり来たりの生活。自身は週1回の買い物で町場へ、コープの宅配だってある。3人の子供は福島市、東京都、仙台市でそれぞれ独立した。心配事はなくなった。放射能は？　と聞けば、「私は気にしない」と答えた。

巻野さんから5軒ほど先に行く。その間は、昔あった魚屋さんや呉服屋さんがなくなっていた。建物が解体され、更地になっていた。まるで櫛の歯が抜けるように。あるいは建物はあっても帰村の予定なく、空き家のままだ。

巻野さんの家の5軒先は、永沢清二さん（1942年生まれ）の家だ。相馬市に避難した時は妻と父親と3人。避難中に妻と父親は亡くなり、一人で帰って来た。永沢さんは長年、農業や建設現場で働いてきた。原発事故で避難生活を余儀なくされたが、「俺は町場の生活は合わなかった。帰村する人たちが幾組かあると聞いたので、俺もどうしても帰りたくなった」と言う。3人の子供は二本松市、南相馬市、仙台市で独立した。一人暮らしになったが、週に2、3回隣の川俣町に買い物に、月に1回相馬市の病院に通う生活になった。「放射能？　俺は気にしない」と言う。

永沢さんの家からさらに5軒先に行く。その間も同じように、建物を解体した後の更地だったり、空き家だったりしている。

帰村者の次の家が、坂井欽一さん（1940年生まれ）の家だ。この道60年の畳職人。福島市に避難したが、避難先の村人から畳張替えの依頼があり、日中、村に帰り自宅の作業場で仕事をした。村人はかつて、新築した家に坂井さんの畳を入れた。原発事故後、家を修理する時に「今度も坂井さんの畳にしたい」と注文が来る。避難していた6年で合わせて40軒分、500畳の畳を張り替えた。

原発事故前は義母と長男夫婦、孫たち、合わせて4世代8人が暮らす大所帯だった。震災後、長男夫婦は相馬市へ、孫たちは福島市へと、ばらばらになった。村に帰って来たのは妻と2人だけである。坂井さんも避難先の生活がなじめず、帰村の道を選んだ。

避難期間中、村の農業委員会の委託で放射線量計測の仕事をして地域を回った。「もう俺はトシだから。放射能は関係ないが」と寡黙な職人が、穏やかな表情で笑った。「これからは畳の仕事と、畑で自家用の野菜作りをしたい」と言う。

人のいない家が続く。集落を西に途切れる辺りに、そば屋の「ゑびす庵」がある。経営者の高橋義治さん（1946年生まれ）は、妻と長男との3人で避難先の福島市から帰って来た。ゑびす庵は、飯舘村で唯一のおそば屋さんとして原発事故発生以来、全国に新聞、テレビで報道され、すっかり有名になった。

「原発事故が起きて、いろいろなグループがこの店でお別れ会を開いてくれた。私はそこで『必ず帰って来る』と言った。それが全国にテレビで放送された。『帰る』と言ってしまった以上、『帰って来なくちゃ』と思った」

村に戻り、そば屋を再開したニュースも大きく報道された。ゴールデンウイークで全国からお客さんがやって来てくれた。が、いずれ客が減るのは見えている。しかし、「ここが村の人の交流の場になればうれしい」と語る。

そば屋のゑびす屋から北へ、高台を下りると自動車整備会社の看板がある。渡辺茂弘さん（1965年生まれ）の店で、避難先の福島市から妻と父親の3人で帰って来た。

「震災直後は避難する人や車であふれ、車の仕事も入ってきて結構忙しかった。以来、会社と避難先を行ったり来たりの生活。私らの仕事は9割が固定客だ。みんな村の人たちだ。事業を始めてから固定客を得るまでには10年、20年とかかる。今から別の仕事はできない。車は村の人たちにとって必需品だから、ここで仕事を続けたい」と言う。

集落南側の高台にあるのは高橋幸一さん（1961年生まれ）の家だ。原発事故が起きた後も、村に残って操業を続けた精密機器・菊池製作所の取締役である。社員は村外の避難先から通勤した。高橋さんは福島市に避難した父親と母親を連れて3人で帰村した。「生まれた所が一番。故郷だから帰って来た」と言う。

ゴールデンウイークで、一家の子や孫たちが帰省し、大勢集まって庭先でバーベキューをしていたところだった。「やっぱりここがいい。福島市に避難していた時、『まだまだ避難が続くか』と思うと、涙が出そうになった時がよくありました」と傍らの母親が話してくれた。

1年以内に帰村の予定という人にも何人かお会いし、話ができた。

高橋富雄さん（1936年生まれ）は「自分の家だから帰りたい。原発事故の直後は3、4日間、（放射能の影響で）顔がひりひりした。でも今は、全然気にならない。タラの芽だって食べているから」と笑う。赤石沢チイ子さん（1948年生まれ）は「この家を守りたい。故郷が一番。放射能はもう下がったから、気にしない」と言う。

中川陽子さん（1962年生まれ）は避難先の伊達市から毎日のように通って来ていた。家を改修し、亡くなった父親の酒店の看板を継ぐ。「父は震災があっても、亡くなる直前まで酒店をやめなかった。お客さんとのつながりを大事にしたい。私自身の居場所も、ここだと思う」と語った。

「ここが自分の家、ふるさとだから」「震災前からの人とのつながりを大事にしたい」「放射能は気にしない」が、帰村者、帰村希望者の共通した思い、考え方であった。帰村率は10

パーセントを超す。全村で5%だから、飯樋地区の帰村率は高い。

地区別に見れば、村の中心部で商店街を形成していた草野地区は、帰村者がわずか。買い物客が戻らず、商売が成り立たなくなったのが理由の一つだろう。二枚橋、臼石地区は比較的、帰村率が高い。隣接の川俣町に10キロ圏で、買い物に行くにも病院に行くにも近くて便利だ。一方でほとんど帰らない奥山の山間部の集落が幾つもある。帰村率は、地区によりかなりのばらつきがある。

*

「帰る」「帰らない」は、個人の自由である。帰村宣言後、除染された水田を牛の放牧地に転用して営農再開を目指す人。コメ栽培を始めた人、カスミソウを作り出荷した人もいる。原発事故による風評被害との闘いが続く。一方で、帰りたくても帰れない人がたくさんいる。事故直後のアンケートでは「帰る」「帰らない」が相半ばしていた。新天地で新しい土地になじんだ人もいるだろう。人それぞれに、さまざまな生き方がある。

帰村者だけを美化するとか、そういったことが本書の目的ではない。しかし、江戸時代は山中郷と呼ばれ、現代に至る飯舘村の大地に生きる人々が、本書のテーマである。取材対象は帰村者となる。その点は、ここで申し添えておかなくてはならない。

ネットワークの絆

飯樋地区の中心部には、善応寺という真言宗のお寺があるのは先に述べた（第2章）。室町時代に開基した古刹だ。その裏手が村の共同墓地になっている。

「どうしてた、元気だったか」

「今度の同級会には出るんだろ」

「俺は、まだ仮設住宅にいるよ」

8月、お盆の墓参りで、避難先や新しい土地に居を定めた人々、村に帰った人々が、久しぶりに顔を合わせた。進学、就職で都会に出た若者たちも帰省する。花束を手に香を焚く。自分の家ばかりでなく、親戚や地域の人たちのお墓に線香をあげて回るのが、いつもの村の墓地の風景だ。身は村を離れても、産土《うぶすな》は変わりようがない。お寺は、先祖の御霊《みたま》がバラバラになった人の心と心を結ぶ「ネットワークの絆」の役割を果たしているようだ。

＊

村にはもう一つの「ネットワークの絆」がある。『負げねど飯舘!!』なるミニコミ誌だ。

ミニコミ誌『負けねど飯舘!!』

原発事故から半年後の２０１１年10月に第１号を発刊。以来、通算で12号出している。避難先での村民の苦労、放射能への不安、子供の教育問題などなど。そして「つらいことばかり考えず、明るく前向きに生きよう」と自らを励ます投稿も幾つかあった。

編集を担当しているのが飯樋地区出身の渡辺富士男さん（１９５３年生まれ）だ。各号のテーマ設定、原稿依頼、編集から送付まで一人でやっている。３０００～４０００部印刷。県内外の仮設住宅にいる避難民、知人、友人、全国いる村出身者に配布している。震災前、全村の世帯数は１８００戸だから、村民は、ほぼカバーしていると言ってよい。

最新の第12号。テーマは「６年間の空白 今、ここに 生きる」だ。「ここ」とは、帰村する「飯舘村」であり、帰村せず、「新しい土地」で暮らしを始めた人の場所でもある。「その両方を指している」と富士男さんは言う。村に帰るのか、帰らないのか、ではない。たとえバラバラになっても、村の人々の心の「絆」を保ちたいという願いを込めた。

最新号で、村出身で福島市在住の杉浦正子さんの一文が目に留まった。こう書いている。

「避難解除になれば、元の村に戻れると思っていたが、6年も過ぎた今は、景観は勿論、コミュニティも変わってしまった。あの美しい村に、除染物のフレコンバックが山積みに置かれ、作付けのできない田畑には発電機ソーラーが敷き詰められ、緑の代わりに金属的にキラキラ光っている。生活のためというのは分かるが、あの人工的な景観には、淋しさを感じる。

全村避難指示が出た時、状況が把握できないまま村を離れた。お互いに安否を確認し、協力し合って、不慣れな避難先で生活してきた。6年も同じ所で生活していると、いつの間にか、そこが定住の地になり、新しい家を求め、安住の地になっている人も多くなっている。お互いに帰村になるまではと、頑張っていたが、年齢も6歳、年を重ねてしまい、再びお互いが離れ離れになることを考えると、胸が痛む。家庭の事情により帰村する人、村を離れて生活する人、村と二軒の家を行き来する人など、多種多様な生活ができてくる。戻りたいが、いざ一人で、村で生活できるのかと思うと不安になってしまう。すぐには答えが出せないけれど、帰りたい気持ちは強い」

「帰りたいけど帰れない」と考えている人の多くは、この文を書いた杉浦さんと同じような思いでいるのではないだろうか。

さかのぼれば原発事故が起きて間もなくのこと、村内で若者グループの話し合いがあり、「このままでいいのか。何かやらなくっちゃ」と声が出た。ミニコミ誌の発刊を引き受けたのが富士男さんだ。「村民がバラバラになっている。不安な気持ちになっている。俺もそうだった。それぞれがどうなっているかを知らせなくては、と思った」と言う。

『負げねど飯舘!!』には、延べ200人以上に原稿を書いてもらった。写真もイラストも、原稿料なしで友人、知人に頼んだ。北海道から九州まで、村出身者でふるさとを支援する人たちの原稿を多数掲載した。報道写真家の大石芳野さんや歌手の加藤登紀子さん、水俣病被害者互助会事務局の谷洋一さん（熊本県）ら、村を支援してくれた人たちからも寄稿してもらった。『負げねど飯舘!!』は「ネットワークの絆」として避難中、村人の心の支えになった。

「（村の人が）電気を使ってもいないのに東京電力福島第1原発の爆発は、飯舘村の人たちに甚大な被害をもたらした。被災者がいかほどの償いを受けても過ぎることがないほどの人的惨事だ。降り注いだ放射性物質によって土が汚染され、人生が丸ごと失われた。子供は外で走ることもできなくなり、大人は田畑を耕し作物を作ることができなくなった。

元の暮らしに戻れる期待は薄いのに、東京電力の消費者である首都圏では、もう過去のこととして片付けようとしている。東京五輪（開催予定）といった繁栄の中で『放射能はもうない』と蓋をしようとしている。首相の『アンダー・コントロール』発言は、実態とかけ離れているのは、被災者はみな分かっている」

これは大石芳野さんが寄せてくれた一文だ。富士男さんは、村内の山の中で取材中に道に迷っていた大石さんに会い、案内したことがある。以来、交流を続けている。

「あの日の一部始終を覚えています。青空の美しい日でしたね。飯舘村に入った途端、目に飛び込んできたのは、緑あふれる山、咲き乱れる藤の花、家々の前に咲き誇る花々、春爛漫の風景のみずみずしさが目に焼きつきました。「までぇー」（方言で『丁寧に』の意味）という志を掲げ、6000人の村人が見事な新しい村づくりをしてきたことへの誇りを、これからのエネルギーにして欲しい。それが私の心からの祈りです」

これは、加藤登紀子さんが震災後にコンサートで村を訪れた時の思い出を振り返り、書いてくれた。富士男さんは大雨のコンサート会場で交通指導員をしていた時、「愛してるよ富士男さん」とサインを書いてもらって以来、仲良しになった。加藤登紀子さんは震災の前と後、計5回ほどこの村を訪れている。

「原発から放出された放射能によって、今も皆さんが苦悩の日々を送っておられるかと思う時、私たち水俣病事件に関わった者にとってそれは他人事ではなく、まさに水俣病が福島で繰り返されているようで居てもたってもいられない思いです。水俣の患者たちから『ああ、水俣が繰り返されている』『政府は水俣の教訓を生かしていない』などの声が相次ぎました」

これは谷洋一さんの寄稿文だ。福島市内で開かれた交流会で知り合った。谷さんに「原発事故を起こした当事者と被災者との因果関係をしっかり調べておかないといけないよ」と言われたのが印象に残る。そして「ぜひ水俣に来てください」と言われた。知り合った翌年、熊本・水俣の現地へ視察に行った。資料館で、患者が家の壁を爪でひっかく跡を見た。子供たちの作文を見た。「その前に立って動けなくなった」と言う。

富士男さんの実家は、地区で唯一のクリーニング店だった。高校を出て上京、旋盤工をしたり建設現場で働いたりした。24歳でUターン、家業を継いだ。もともと短歌や俳句を作るのが趣味だった。ミニコミ誌を引き受けたのも、物書きが好きだったからだ。仲間が全国に広がった。大震災後、広島豪雨（2014年）や熊本地震（2016年）が起きると現地に飛び、全国から集まった学生や主婦と一緒に被災地でボランティア活動、瓦礫撤去に汗を流した。ボランティア仲間がその都度増えた。「目いっぱい、みんな一生懸命やっていた。日本も捨てたものじゃないと思った」と言う。ネットワークの絆はこんな形で、内と外へ広がっている。

9月、飯舘村の元の場所に新しい家ができた。妻と母と3人で避難先の福島市から引っ越し、6年半ぶりに帰村が実現した。

「ここは俺のふるさと。人が来たら、子供の頃、あの田んぼで遊んだんだ。あの学校に通ったんだと、その場所を見せてやりたい。原発事故で周りに人がいなくなっても、俺が生きている間だけでも、夏は雑草刈り、冬は雪かきをしておじさんやおばさん、友達が、ここに来る人がいる限り、迎える準備をしておきたい」

村に帰る人がいてもいなくても、関係なしに『負げねど飯舘!!』の発刊を続けたいという。越後出身の人々が、ネットワークの絆を守り続けたように。

再びの同級会

9月3、4日、福島市郊外の飯坂温泉ホテルで、中学の同級会が行われた。帰村宣言後、初めて。同級生は97人で、震災前に4人が病死・事故死、震災後に4人が病死した。同級会には残り89人のうち、36人が参加した。

中学卒業以来、同級会に初めて顔を出した人が何人かいた。実に47年ぶりである。

「あたし、誰だか分かる?」と言うIちゃん。学校を出ると上京、嫁いで埼玉県羽生市に住む。中学時代は学校一の美人で、マドンナ的存在だった。同級会でも話題の中心、人の輪の中にあった。「みんなに会いたかった」とうれしそう。実家は飯舘村の比曽地区。帰還困難区域・

長泥への封鎖ゲートを見下ろす高台にある。彼女に、最近の消息を尋ねた。「家は弟が継いだけれど、原発事故で福島市へ避難した。今は市内で働いている。実家の建物は、残っているかどうか、私には分からない。もう解体してしまったのか、見る機会もない」と言う。避難中の実家の話をする時は寂しそうな表情だったが、何十年ぶりに同級生に会い、Iちゃんの顔は輝いていた。

同じく初参加のTちゃん。Tちゃんも「あたし、誰だか分かる」と私に声を掛けてきた。中学時代もかわいらしかったが、お化粧してさらに磨きをかけたよう。「きれいにしないと駄目なの」と言う。職場は横浜市内、慶応大学日吉キャンパスの道路向かいの百貨店で働いているというから、理由はうなずけた。彼女は私と同じ飯樋地区の出身。家を継いだ兄は、村のスクールバスの運転手だ。自宅は原発事故前に建てたばかりなので、そのままにしている。「お年寄りは年金が出るからいいけれど、若い人は村に帰るにしても仕事がないから大変だね」と話した。

夕方、宴会場に場を移す。幹事Y君のあいさつが行われた。

「みんな60代。病気にならないよう、頑張って生きよう。あしたの朝まで、思い出を語り明かそう」

北海道から駆け付けたMちゃんは、苫小牧市で私立高校の体育教師をしている。「はるばる遠い所から来ました。大リーグに行った田中将大投手（元東北楽天）は、一応は、私の教え子なのよ。何十年ぶりにこういう会に出ることができて良かった」とうれしさを体全体で表していた。

原発事故で福島県南の中島村に避難、そのまま移住したS君。「原発事故後、同級会に出ることがなくて、自分では気にしていた。きょうはみなさんの顔を見ることができて、ほっとした」とあいさつした。S君は中島村で、飯舘村にいた時と同じく畜産に取り組み、和牛50頭を飼っている。

S君の実家と私の実家はすぐ近所。子供の頃から遊んだ「竹馬の友」である。だが今、彼の実家に人の出入りはない。荒れ果てて、廃屋同然だ。中島村から飯舘村ははるか遠く、頻繁に通える距離ではない。それに父親は介護施設に入ったままだ。実家の管理のために帰宅できる時間はほとんどなかった。これからどうする？「牛は、一度やめてしまうと再開するのは大変だ。俺もせめて40代だったら、村に帰ってもうひと頑張り（畜産を）するのだが」と寂しげに近況を話してくれた。

宴会が盛り上がる中、私は同級生で帰村者がどのくらいになるのか、聴き取りしながら酒席を回った。その結果は帰村見込みの者も含め「7人」だった。

①未避難者＝佐藤ひろ子（第1章で紹介）
②3月の帰村宣言で帰村した（女性）
③9月中に帰村する（女性）
④来年春に帰村する（女性）
⑤来年中に帰村する（男性）
⑥5年後に帰村する（女性）
⑦近い将来、2、3年間、一時帰村して様子を見る（女性）

帰村の理由、帰村後にどうするかは、それぞれ次のように話した。

「夫と息子の3人で帰った。コメは作らない。コメ作りの機械をまたそろえるのは大変だから。ハウスを建てて野菜を作っている。ここは私のふるさと。私は、先祖から継いだ土地を守りたい」

「夫と帰る。田んぼや畑は、売ろうと思っても二束三文にしかならない。それなら畑に自分たちで食べる分だけでも野菜を作って、あとは花を作って楽しみたい」

「飯舘村の星空は、邪魔する明かりがないから最高にきれい。元気なうちは飯舘で過ごしたい」

「帰村後のことは、帰村してから考えることにした。帰っても、店も、何もない。イノシシと遊ぶか（笑）。しばらく様子を見ようと思う」

「ごみごみした町場は、私には合わない。夫とソバを作り農業を再開したい。土地を荒らしたくない」

「一度、村に戻って2、3年、考えたい。年を取れば、息子のいる町に戻ることになるかもしれないが」

「飯舘村には、毎日通っている。放射能を吸って、こんなに太りました（笑）。生活がバラバラになっても、みんな両親を大事にしてくださいね」とは、隣町に避難中の女性のあいさつだ。

村を離れた人も、ふるさとを愛する気持ちは同じだ。

「飯舘村が大好き。みんな集まって酒が飲める機会をつくってくれてありがとう」

「素晴らしい同級会、ありがとう。これからも長く付き合っていけたらと思う」

「今まで会えなかった人も、今日は来てくれて本当にうれしい」

1次会の宴会の後、2次会は部屋を移してカラオケ大会。代わる代わるマイクを握り演歌や流行歌、懐メロを歌い続けた。今までで一番盛り上がった同級会になった。

1泊2泊の同級会だった。その間、原発事故、東京電力、政府に対する批判の声を上げる者は、誰一人としていなかった。

満州開拓引き揚げ者

秋風が吹く頃、私は飯舘村の北端、「豊栄《ほうえい》」地区を訪ねた。ここは太平洋戦争が終わって、旧満州、現在の中国東北地方の開拓団引き揚げ者が入植した場所だ。道沿いに「豊栄開拓の礎」が立ち、裏面に開拓の歴史をつづった碑文が刻まれている。内容は、以下の通り。

「この豊栄開拓地は、山形県出身の満州開拓引き揚げ者の入植予定地として、農林省の認定を受けた国有林で元はアカマツ林、昼なお暗い造林地だった。昭和23年（1948年）11月1日、満州開拓者および海外引き揚げ者が集まり、ここを自活の場、将来の墳墓の地と定めた。戦後の食糧危機と物資不足の中、艱難辛苦、欠乏に耐え、組合長を中心に励まし助け合い、開拓の道に昼夜専念した。そして自活と子孫繁栄の礎石となり、共存共栄を旗印として筆舌に尽くし難き困難を克服し、今日に至っている。この間、時勢が変転し、やむなく離農する者、志半ばにして病に倒れた者もあったが、ここに入植25周年を迎えるに当たり、開拓地の歴史を永久に伝えようと、入植者の名を記してこの碑を建立した。
昭和48年（1973年）11月1日
福島県開拓農協連合会長・吾妻千代吉謹書
（入植者名）
開沼幸栄、大江一男、奥山豊治、阿部好、井上弥吉、庄司幸男、安達徳之助、菖蒲卓雄、高橋力介、有海孫七、今井庄三郎、黒田直七、鈴木憲五郎、高橋重盛、伊藤武、渡辺秋夫、阿部茂夫、佐藤善蔵、矢野久寿」

「豊栄開拓の礎」の前に立つ開沼幸一さん

その「豊栄開拓の礎」の前でお会いしたのが、開沼幸一さん（1939年生まれ）だ。幸一さんは、碑に刻まれた入植者の筆頭にある「開沼幸栄」の長男であり、地区で満州引き揚げを体験した最後の生存者である。そして福島第1原発事故で飯舘村は全村避難となり、幸一さんは開拓地を追われ、西へ避難、伊達市の仮設住宅に住む。国策により人生で2度、強制避難させられた人物であった。

まずは、時系列で幸一さんの人生をたどってみたい。

父親の幸栄さんは山形市出身で戦前、中国大陸に渡り、関東軍の下にある満蒙移民団に所属。後から来る母国の移民たちの指導、教育の任に当たった。幸一さんが生まれたのは黒竜江省のジャムスという町で、牡丹江の近くだった。終戦時は7歳。父親はシベリアに抑留された。母親と5歳の弟、3歳の妹の4人による逃避行劇が始まった。

「終戦後間もなくの8月20日頃、引き揚げを開始した。満鉄の駅に集められ、暗くなる頃、無蓋列車（屋根のない列車）に乗せられた。その後、『スイカ』という所の飛行場の格納庫に1カ月間、押し込められた。妹が、はしかにかかって亡くなった。そこから列車に乗せられ、大連を目指す。大連に着いたのは年末か翌年の初頭の頃だった。寒さと飢えがものすごかった。弟は風邪をひき、肺炎で亡くなった」

大連の日本人収容所で1年近く過ごした。1日に黒パン一つの配給ばかり。ほかに食べる物はない。発疹チフスがはやり、体力のない者は次々と脱落していった。幸一さんもほとんど栄養失調の状態。母親と2人、大連の港から引き揚げ船に乗り、長崎県の佐世保港に入ったのが1946年12月だった。そこから列車に乗り、仙台経由で山形に着く。

父親は1948年10月にシベリアから帰国した。山形県庁に行くと、福島県へ行き、現在の飯舘村の山林を開拓するよう指示された。満州を含めて中国大陸からの引き揚げ者、軍人など当初の入植者は17戸だった。面積は30～40ヘクタール。食糧難で、開拓事業は国策だった。父親の幸栄さんが、入植地の開拓団長を務めた。

「はじめ、近くの神社（隣の佐須地区にある山津見神社）に1カ月、お世話になりながら、みんなで笹小屋を建てた。それから神社を出て笹小屋に入り、共同生活を始めた。翌年春、今度は2戸で1棟の小屋を建てた。父親は、山形の実家から母と私を呼び寄せた。

一帯は樹齢100年のアカマツの巨木に覆われた山林、父たちはノコギリや斧で1本1本切り倒し、唐鍬で根っこを掘り起こした。母と私は、木っ端を畚《もっこ》に載せて運んだ。全部、人力だった」

開拓した場所にジャガイモや大豆、大麦を植えたが、満州より土地が痩せていて収量が上がらない。土が酸性だったので、石灰を入れて中和させた。入植者の食べ物と言えば、農協からコメや大麦が配給になったが、量はわずか。「苦労はとても言葉では言い尽くせない」と言う。各戸が独立するまで5年ほどかかった。

幸一さんは村の中学校を卒業、やがて農業を継いだ。

満州開拓団の引き揚げ者は、戦地から帰国後、全国各地に配された。記録（1960年時点）

によると、飯舘村では豊栄地区のほか、大倉、八木沢、沼平、大久保、山辺沢、萱刈庭、蕨平、長泥、比曽、大火、二枚橋などおよそ20カ所に、500軒の開拓農家が入植した。豊栄地区は、そのうちの成功例として記録されている。

しかし皆、そうはいかない。土地が悪く、森林や山陰の影響で日照不足、作物の収量が上がらない。子供たちは栄養不足で体が貧弱、病気がちな子が多かった。劣悪な生活環境に耐えきれず、開拓地を捨てて離農する者は、日本の高度経済成長と足並みをそろえるように増えていった。

山の村は、しばしば冷害に見舞われた。特に人々を打ちのめしたのは1953年の大冷害であった。「ここは、コメではやっていけない」。村全体で、コメ作りから酪農に切り替える農家が増えた。豊栄でも、地区全体で乳牛80頭を飼うまでになった。しかしそれも生乳価格の下落で生産調整が行われ、頭打ちになる。農家は葉タバコ生産に切り替えたり、車で村外へ働きに出たりした。

幸一さんは原発事故前、水田0・6ヘクタール、葉タバコ0・6ヘクタールを耕作、和牛2頭を飼っていた。木造2階建ての大きな立派な家を建てた。子供3人、孫3人は独立、夫婦2人で穏やかな暮らしをしていた。そこを襲ったのが原発事故だった。牛は、やむなく市場で売却。はじめは福島市の飯坂温泉の旅館に避難、次いで伊達市の仮設住宅に入った。以後、週に3日は自宅に通い、草刈りをしたり犬に餌をやったり。今は試験的に畑で野菜を作っている。

人生で二度の「強制避難」。一度目は満州からの引き揚げで、母親と二人での逃避行の末の「帰郷」だった。二度目は原発事故。今度は、避難先の仮設住宅から村に「帰郷」するかどうかの選択に迫られている。

「苦労して、借金して家を建てた。ここでコメと野菜を作り、食っていければと思った。しかし、これからだんだん年を経て行けば、どうなるのか、将来的にここに住めるかどうか、今は試行錯誤している。だが、シベリア帰りの父親が苦労して開拓した土地だ。簡単に捨てるわけにはいかない。

満州引き揚げと原発事故。俺は二度、ひどい災難に遭い、避難させられた。しかし、原発事故で逃げるほど、バカバカしいことはない。満州引き揚げも大変だったが、ここでは開拓した土地に種をまけば、ソバや麦、キビ、アワがそれなりに育って、食えた。ワラビなどの山菜、キノコ、自然の恵みもあった。何でも食べた。

しかし原発事故は、何もかも駄目にした。食える物が、何もなくなった。食べる物を作るのを仕事にしている百姓にとって、これほどみじめなことはない。野菜を作るたびに（放射能）

検査をしてもらわなくてはならない。農業人として自由が奪われるのに等しい。それが一番つらいいところだ」

大つごもり、そして春

2017年12月1日現在の帰村者（転入者含む）は、579人となった。原発事故前の村の人口は約6000人だから、帰村率は「10％」。1回目の調査の5月と比べて5ポイント上昇した。少しずつだが、村に帰る人は増えている。

年末の31日、大つごもりの日、草野地区の綿津見神社では、境内でお焚き上げが行われた。村人40～50人が集まった。前夜来の雪景色。神棚に置いた飾りを持ち寄り、燃やす。お焚き上げは、人の想念、魂の宿る物を火に投じ、供養する儀式である。また農作物の出来、豊凶を占うとも言われる。

飯樋地区の善応寺では帰村宣言後、初めて除夜の鐘が鳴った。村人は雪の参道を踏みしめ代わる代わる10人が寺を訪れた。帰村宣言元年の行く年を惜しみ、来る年の幸を夜空に祈った。

＊

翌2018年3月、東日本大震災、原発事故から7年が経過。4月、村の草野小学校、飯樋小学校、臼石小学校の三つの小学校と飯舘中学校が震災以来、移転先（川俣町、福島市）から村に戻り、学校を再開する。震災前、3小学校と1中学校の児童、生徒数は合計で531人だった。

再開後の児童、生徒数は72人の見込み。事故前の「14％」だ。

震災、原発事故から8年目。子供たちとともに、村はこれからどんな歩みをたどるのだろうか。

第4章 ◎ 原発事故、私はこう思う

村人のささやき

村の人々は一般に、自己主張を強く出さない。飯舘村の人々は特にそうだ。お人好しばかりで、じれったいことこの上ない。

村出身の新聞記者として、村人が本当に思っていること、「物言わぬ農民」から本音を引き出すことは、私の大事な役割だと思う。第1、2章に登場していただいた人たちを中心に、原発問題をどう考えているのか聞いた。（順不同、敬称略、生年）

◎佐藤隆芳（農業、1938年）

「原発は、ない方がいい。『絶対安全』という担保がなければ、造ってはいけないと思う。

私は原発事故で被災して、本宮市の次男の所、猪苗代のスキー場、福島市のマンション、長男の家と4回も住居を移転して、つらい目に遭っている。それを都会の人たちは知っているのだろうか。村にいれば田畑があり、自給自足できた。町場の方は、何をするにもカネがかかる。

飯舘の暮らしの方が良かった。除染をしても土の再生がなければ、どうにもならない。

原発は、電気を使っている東京電力の管内に造ればいい。電気の自給自足だ。まさか原発を都心には造れないだろうから、東京湾周辺のどこかに造ればいい。こっち（飯舘村）は関係ない」

原発事故前の飯樋の中心部（2000年5月）

原発事故後の飯樋。家屋が解体され、空き地が目立つ（2017年12月31日）

◎菅野武美（農業、1955年）

「事故を起こした原発は、技術が時代遅れ。最新ではない。核のゴミ処分の技術がないのに原発を造るのは矛盾している。

自然エネルギーを広げればいいと思う。最終処分の処理費用がかからない。

福島県には、原発がもうできてしまったが、これから原発を新設する時は、原発の電気を使う所の周辺に造ればいいと思う。反対されて、実際には造れないだろうが。原発はそもそも、アメリカに押し付けられたものだ。危険だからと言って、危険なのが分かっているのに田舎に持ってくるというのはおかしい」

◎菅野義人（農業、1952年）

「原発とは、正常な世界から来たものではない。妻が（福島第2原発のある）楢葉町の出身で、町の推移をよく見ることができた。道路が立派になった。建物ができた。さまざまな箱物ができた。

しかし、原発に頼っての発展には疑問を持っていた。カネで箱物を造っただけではないか。地元で『原発反対』と言い、職場を追われた人の話を何人も聞いた。

東北は、中央に従属する歴史だった。福島に原発を造って、実際に事故が起きてしまった。東京の人たちは『東京で事故が起こらなくて良かった』と思っているのではないか。東京に原発を造ってはどうか。

東京電力の清水正孝社長が、村に謝りに来た。「あなたたちは40年間、福島に札束を持ってきただけではないか。俺と先祖は、この村で400年、生きてきたんだぞ」と言ってやった。人間、カネだけの世界ではないはずだ。

原発再稼働は、簡単な話ではない。事故から学ばなくてはならないのに、学ばないうちに風化し、人々の話題は東京五輪に行ってしまった」

◎寺岡清之（僧職、元役場職員、1947年）
「放射能は、目に見えない怖さがある。私は山菜採りや渓流釣りが好きなので、よく山に入る。長泥の峠から太平洋が見渡せ、原発がよく見えた。『事故が起きたら、飯舘村は終わりだ』と思っていた（夫人が証言）。自然と日常的に接し、以前、役場に勤めていた時は、埋め立て処分場の担当をしていたので、そういう意識が育っていたのだと思う。

原発は反対だ。処理する技術が確立されていないのに「絶対安全」はない。原発は、電気の供給を受ける受益者が負担すべきだ。そんなに「安全」と言うならば、東京湾岸に造ればいい。私は、原発事故が起きる前からそう言っていた」

◎**多田宏**（宮司、1947年）

「原発を造るのは、いいことではない。原子炉の廃炉や廃棄物処理の方策に見通しが立たなければ、やるものではない。技術が確立されていない。地球温暖化の問題を考えれば原発も仕方ないという意見もあるだろうが、その前に自然エネルギーの開発を考えるべきだ。はじめに『原発ありき』は、おかしい。

神の領域である原子力を、科学の力を過信して人間が利用しようとしたところに間違いの始まりがある」

◎**佐藤美知夫**（農業、1955年）

「代替エネルギーが見つかるまで、原発による発電は必要だと思う。原発技術の継承が必要だ。途上国ではどんどん原発を造っている。だが、危ない原発も出てくる。だから、日本は先進国として原発技術を確保しなくてはならない。途上国も、コストの低い、代替エネルギーができて原発が必要でなくなれば、日本でも要らなくなると思う。原発は過渡期の形態であり、今はエネルギー源の一つだ。新たな技術ができれば、自然に原発はなくなっていくはずだ」

◎北山梅子（農業、１９５５年）

「原発は福島県に造る必要はない。原発が立地した町は雇用に役立っていただろうが、飯舘村は関係ない。働いていた人はごく一部。原発でつくった電気は東京に持って行っていたんだから、原発は東京電力管内に造ればいいと思う。

なぜ、福島県内なのか。各地で放射能の問題で差別を受けたり、いじめに遭ったりするのも、こっちに原発を造ったからだ。福島県人にとっては、迷惑な話だわ」

◎佐藤ひろ子（農業、１９５５年）

「原発は、なくしてほしいと思う。そのまま残っていたら、とんでもないことがまた起こる。原発が爆発すれば、あっちだ、こっちだとまた避難しなくてはならない。家族が別れ別れになるのは悲しいことだ。そういうことには、もうなってほしくない。将来のことを考えれば、どこの国だって、どこの地域だって、同じだと思う」

◎**杉岡誠**（村役場職員、僧侶。１９７６年）

東京都出身。東京工業大学で原子核物理学を学ぶ。大学院修士課程の時、アメリカ・ニューヨーク州のブルックヘブン国立研究所で素粒子物理学実験のプロジェクトに参加した経験を持つ。母方の祖父が善仁寺（第2章「二つの真宗寺院」の項）を開基した杉岡了海から数えて第4世住職で、村の収入役も務めた人。父親は南相馬市出身で、東京で教職を勤めた。自身は東京工業大学の大学院博士課程を中退して寺を継ぐために帰村、同時に村役場職員となった。ここでは事故発生時の役場の状況や、原子核物理学の専門家としての知見を語っていただいた。

「大震災発生の２０１１年3月11日、私は担当していた農政関係の事業説明会で福島市に出張し、福島県庁近くのビルの6階で会議中だった。ビルは大揺れ。混乱のさなか、役場に戻ったのは17時頃、着替えてすぐに停電の中で立ち上げられていた村の災害対策本部に入った。〈12日＝福島第1原発の1号機が水素爆発。14日＝3号機が水素爆発、2号機の核燃棒がコントロール不能に。15日＝4号機が水素爆発〉

14日、福島県からの依頼で、青森県原子力センターが放射線量計（環境モニタリングポスト）

を設置しに来たので、村役場近くの「いちばん館」（地域活性化センター）と特養老人ホームの間に設置するよう助言した。その時は毎時90ナノグレイ（毎時0・09マイクロシーベルト）ぐらいだった。以後、私はもう一人の職員とモニタリングポストの記録を、1時間おきに県庁に防災無線で報告し続けた。

事態が急変したのは15日だった。昼から放射線量が急激に上がった。上空を放射性物質のプルーム（雲）が通過した時に、ちょうど雨が降り、夜になって雪に変わったため、村全域に放射性物質を降下させたのだと思う。最大値毎時44・7マイクロシーベルトを記録したのが18時30分頃だった。この後、翌16日の深夜0時過ぎに、漏電でモニタリングポストが切れるまで、30分おきに県に数値を報告し続けた。後になって村の南部（長泥地区など）では、もっと高い数値になっていたことが分かったが、この時は固定式の線量計で、役場周辺の数値しか分からなかった。

「あるはずのないことが起こった」と思った。「死の灰」を含む空気を、自らの口や鼻で吸い込むことになる。背筋が寒くなった。学生時代、原子核物理学を学んだが、それは「放射性物質が管理できている」という前提条件の下での学問、研究だった。管理できない放射線源があること自体、異常な事態だ。暴れる恐竜と同じで、被曝は防ぎようがない。放射線防護の三原則（時間、遮蔽、距離）を実践しようにも、みんなに伝える時間もない。雨や雪が運んだ放射性物質が人体に付着したり体内に入ったりすれば、大きな被曝をすることになる。外で付着した放射性物質を服に着けたまま家に入れば、外に出なかった家族や子供たちにも被曝させることになる。

役場職員、消防署員、警察官、区長、民間の人、村に避難して来た浜通りの町の大勢の人たちに早く事態の重大性を知らせ、屋内退避させなければと思った。しかし、村長、副村長に言っても、事の重大性が理解されなかった。県庁の担当者に電話すると「毎時100マイクロシーベルトを超さないと、避難指示はない」と言う。私は「ふざけるな」と言い返し、防災無線越しに「屋内退避指示だけでも出せないか」と押し問答を繰り返した。

村役場の会議で「放射線量が高い。これはまずい状況です」と訴えたが、多くの職員はきょとんとしていた。16日の夜半に国の原子力安全委員会に電話して「国として、状況を把握しているのか。なぜ村の線量が報道されず、屋内退避指示が出されないのか」と言った。相手の職員は「飯舘村の情報は把握しています」と言う。「分かっていて、なぜ指示を出さないのか」と切り返したが、「現在、対応を検討中です」で終わりだった。

私は、役場の女性職員に「子供だけでも、村外に逃がすように」と伝えた。半信半疑の女性職員もいたが、ほとんどが子供を村の外に避難させた上で、すべての女性職員が役場に戻り災害対応を続けた。他の被災自治体では、自主的に避難した職員が何人もいたが、飯舘村の役場職員約100人は全員、役場に出勤し続けた。一人も逃げなかった。

それには理由がある。原発事故が起きた当初、原発から40キロも50キロも離れた飯舘村には放射能は来ないはずだから、安全だと思った南相馬市など浜通り平野部の人たちが大勢、村に避難して来ていたのだ。村内の学校や公的施設に1400人を受け入れた。それにプラスして親戚とか友人を頼って村の一般の家庭に入っていた人たちが1000人以上はいたと思う。村外から村を頼って来た人たちが合計2400人以上いたことになる。村民はもとより、その人たちを置き去りにして、自分たちが村を出ていくわけにはいかなかった。村民みんなが、村外からの避難者の救援活動に当たっていた。避難者から「ガソリンを分けてほしい」と言われたが、ガソリンスタンドへの燃料補給が途絶えていたため、分けてあげられるガソリンがなかったのが、一番つらかった。

原発事故から約1カ月後、国から全村避難の指示が出た。もちろん、一人ひとりの考え方はさまざまだが、避難指示が出た当時の村の人の考え、行動を、私なりに考えてみた。

大きく分ければ、「なぜ避難しなければならないのか」と言うⒶグループと、「なぜ避難指示を、もっと早く出さなかったのか」と言うⒷグループに分かれた。

Ⓐグループの人たちは、心情的に「避難したくない」人たちであり、近いうちに、避難解除になれば「一刻も早く村に戻りたい」と言う人たちが多かったと思う。そして、村災害対

策本部でのやり取りから、有力者にはⒶグループの人が多いと感じた。また、自分から情報を入手したり、集約したりすることが比較的苦手な60代以上の人に多いと感じた。

一方、Ⓑグループの人たちは、「なぜ村民を早く避難させなかったのか」と村を批判した。有機農業に取り組む人や、インターネットなどで情報を入手する若い人たちが多く、「村には帰らない。帰れない」と考える人たちが多い傾向が見て取れた。ただし、原発事故から幾年かの歳月が過ぎる中で、Ⓑグループの人たちの中にも「農地が除染された後、村に戻って農業を再開したい」という人たちが出てきている。原発事故から4年後、2015年12月の農家へのアンケートで、「農業を再開したい」と答えた人たちが、大方の予想に反して200人もいた。

放射能問題とは一体、何なのか。どこまで安全で、どこから安全でないのか。「分かりやすい基準が示されない」こと、「視覚・嗅覚・触覚など五感ではとらえることができない」ことから、「各自の感情での判断」になってしまう。例えば、煙草であれば、隣に煙草を吸う人がいれば、臭いや煙で分かるし、「嫌だ」と言う人のことを批判できる人はいないはず。しかし放射能に関しては、「何とも気にならない」と言う人もいれば、「とても気になる」と言う人もいる。どちらも極端な反応として出て来る。ⒶグループとⒷグループのように考え方が分かれるのは、放射能に対する判断基準がないから、人それぞれの「感覚の違い」での判断になってしまう。

原発問題については、原子力エネルギーを使うこと自体は、悪いことではないと思う。原子炉をコントロールできないから問題なのだ。廃炉に至る工程、廃棄物処理の仕組みを、責任を持ってつくることが必要だ。事故が起きた場合の避難計画は、現状ではできているとは思えない。何千人の村なら全村避難も可能だが、大都市の近くで起きては、一度に何十万人もの人々を避難させなくてはならない。何十万人の人々を、一度に受け入れる所がどこにあるのか。それほど、事故を想定した時の避難計画を作るのは、難しい。

地方に造るか？　東京に造るか？　地方にしても東京にしても、人が嫌がるのを、人に押し付ける形で造ることには、賛成できない。ただ、電気の『地産地消』『自給自足』の考え方は、理解できる」

「東京に原発を！」

飯舘村で聞き歩けば、何人もの人が「なぜ、関係もない所に原発を造ったのか。電気を使っているのは東京の人たちだ。電気が必要なら、東京電力の管内に原発を造ればいいだろう」

とささやき合っている。私もその通りだと思う。しかし、原発事故の後、世の議論は原発を再稼働するかしないか、安全性の議論ばかりである。それが問題の本質なのだろうか。安全神話を振りまいていた原発で事故が起きたのだから「絶対安全」はあり得ないのは自明だ。しかし、議論すべき問題はもっと別の所にあるのではないか。

原発問題を議論するには、科学の知識が必要だ。しかし一般の人、素人にとって原子核物理学、原子核工学の話についていくのは、そうたやすいことではない。とらえ方を変えてみよう。

長い間新聞記者をして学んだことの一つに、「問題が難しく、複雑になった時こそ、原点に帰る。問題を単純化して考えると、かえって名案が浮かぶものだ」というのがある。原発問題を、物理学の世界の話としてではなく、もっと単純化して原発の「立地場所」に絞って考えてみてはどうだろう。「東京」対「地方」の構図で探る手法である。「なぜ福島県の浜通りなのか」「なぜ関係のない飯舘村が被害を受けなければならないのか」。それにしても原発事故の教訓として「立地場所」についての議論が大きくならないのは、おかしな話である。「東京は何千万単位の人口を抱えているから」では理由にならない。東京でも地方でも、人の命の重みに差はないはずである。

巨大メディアは、安全性の問題ばかりを議論に載せ、「立地場所」をテーマに取り上げようとしない。東京湾を埋め立てれば、原発建設のできる土地は生み出せるはずだ。放射性廃棄物も、東京湾の埋め立て地の中で管理してみてはどうか。その議論がないのは、メディア側にも理由があるのだろう。巨大メディアの本社所在地は、いずれも東京だ。特に東京湾岸から皇居にかけての一帯には全国紙、系列のテレビ局などの本社社屋が幾つも立っている。「自分の社屋の目の前に、原発ができては大変だ」とでも考えているのだろうか。

１９８０年代に、『東京に原発を！』の本を出して原発問題に警鐘を鳴らした作家が広瀬隆さんだ。東京都生まれ。早稲田大学出身で、ノンフィクション、医学翻訳など幅広い分野で活躍している。「なぜ原発は福島なのか」と、漫然とした不安を抱いていた私の疑問に対してストレートに応えてくれたのが広瀬さんの著書だった。出版当時、駆け出し記者だった私は、その本を手に「東京に住む人でも勇気ある発言をする人がいるんだ」と、ある種の感動を覚え、むさぼるように読んだ記憶がある。その本をもう一度ひもといてみよう。序文にこうある。

「原子力関係者は、安全論を喋りまくっている。それほど安全なら、なぜ大都会『東京』に原発を建てないのか。

ある人はこの本の題名（『東京に原発を！』）を見て、オヤッと思ったことだろう。これまでの常識では、原子力発電所は人口の少ない海岸に建設されることになっていた。それを東京に持ってこようというのである。

電気はその大部分が大きな都会で使われている。大都会のど真ん中に原発を建てれば送電線や数々の変電所が無用になり、さまざまな面でエネルギー効率が高くなり、金銭的には莫大な利益が生み出される。これが近代に求められている〈自給自足の原理〉である」

30年以上前に広瀬さんが書いたことと、原発事故で被災した飯舘村の人々が訴えていることは、ほとんど変わらない。広瀬さんは本文に、次のように書いている。

「とりわけ気掛かりな日本の本質的欠陥は、地盤の弱さである。この地球上で、地震帯と火山帯の真上にこれほど大規模な原子炉をかかえる国は、勿論ほかに見当たらない。（地震が起き、活断層によって原子炉の建物が破壊されると）すべての安全装置は、それを作動させる電気系統が切断された瞬間、無意味なものに変わる。あるいは、水を注入させるためのパイプやシャワーが折れることによって、原子炉の暴走は食いとめようがなくなる」

「原発問題に源があるのではない。わが国のジャーナリズムの大きな流れが、すべて東京を中心に発想し、行動している。都会人がそれを『危険だから』と言って拒むなら、なぜ（原発計画地周辺の）漁民がこれを受け入れられよう。あまりに身勝手な発想である。どうしても必要だと言う人間は、新宿のど真ん中に原子炉を据え付ける。原発を大都会の心臓部に迎えてから語るべきだ」

東日本大震災、福島第1原発事故、その後のメディアの対応を予告しているかのようである。

原発の全廃を訴える原子力研究者の一人に小出裕章さんがいる。原発事故後に出した本『原発はいらない』を読んだ。小出さんは冒頭で、自身の立ち位置を書いている。

東京都生まれで、下町の風景をこよなく愛した小出さんだが、1964年の東京五輪開催を前に、川が埋め立てられ、高速道路が建設されていく東京の変貌ぶりを目の当たりにした。

「こんな所、人が住む所ではない」

と高校を卒業すると東京を脱出して杜の都・仙台へ、東北大学工学部原子核工学科に進学した。入学当時は「原子力平和利用の夢」を抱いていたという。

その頃、東北電力が仙台から東へ60キロ離れた宮城県女川町に原発を造る計画を立ち上げた。「原発が安全なら、なぜ仙台に造らないのか」「仙台市民のために自分たちが危険にさらされる」と、反対派の女川町民は訴えていた。「なぜ原発に反対するのか」、小出さんは始め、不審に思った。大学生だった小出さんは、その答えを必死に模索する。やがて得た結論は「原発は、都会では引き受けられないリスクを持っているから」であった。女川町で開かれた反原発集会に参加したのを機に、原発をやめさせるための研究を続けることを決意。東北大学の大学院修士課程を修了すると、京都大学原子炉実験所に助手として採用された。長く助手の身分でいながら「反原発」の立場を貫いたのは御存じの通りだ。

原発は過疎地に押し付けられる。

「なぜ、過疎地なのか？　答えは簡単です。『人口が密集する大都会周辺に、危険な原発はつくれない』ということなのです。これを差別と言わず、何と言うのでしょう」と、前述の本の中で小出さんは書いている。


私は、仙台市に本社を置く新聞社に38年間勤務した。転勤した期間を除いて仙台市に住んだ。「原発が安全なら、なぜ仙台に造らないのか」。女川町の人たちが小出さんに投げ掛けた言葉は、私自身に向けられた言葉でもある。東京であろうと仙台であろうと、巨大メディアであろうと地方メディアであろうと、同じことである。どんな問題でも、自分のことを棚に上げて言うことはできない。原発が、仙台市民にとってどうしても必要なものだったとすれば、その電気を自分も使うのであれば、私は仙台湾岸に原発建設が計画されても、反対はしない。

東日本大震災では、大津波や原発事故で多くの人々が犠牲になった。肉親を失い、友人を失った人が大勢いる。たくさんの人々が、家や土地を失った。その中を駆け抜けるようにして取材して感じたことは、人は行き着くところ、他人の被災体験を「わがこと」ととらえることができるのかどうかだ。「わがこと」なのか「ひとごと」なのか。ここに境界線がある。「わがこと」の立場で考えるのであれば、例えばわが子を育てるのと同様、親身になって最後の最後まで面倒を見るものだ。「ひとごと」であれば、いつでも途中で放棄できる。「わがこと」か「ひとごと」か、どちらの立場で考えるかで、結果は大きく変わる。

「仙台に原発を！」。仙台湾岸に原発が計画されれば、100万人仙台市民が原発問題を「わがこと」として真剣に考えるきっかけになる。それは良いことだと、私は思う。

原発事故後、私は一市民として仙台で開かれる反原発グループ主催の学習会や講演会に幾度か参加した。しかし、そこではどうしても違和感がぬぐえなかった。あるグループの学習会では、東北電力の女川原発再稼働問題をめぐって「女川の人たちに『原発は危険だ』と、もっと知ってもらおう」という発言があった。原発の立地する町の人々に「教えてやろう」という姿勢だ。そうだろうか。逆ではないか。女川町の人たちの闘いの歴史から、自分たちこそ学ぶべきではないのか。あるいは「今度の国政選挙では反原発の○▽候補に投票するように働きかけよう」といった議論もあった。わが飯舘村では原発事故が起きた翌月の2011年4月5日、菅野典雄村長が菅直人首相あてに村の復興について提言書を提出した。その中で「本村（飯舘村）はこの事故のみをきっかけとして、『反核の旗手』になるつもりはない。むしろ放射能汚染地の範となって復旧・復興を果たすことこそが日本にとっての最大の利益となり、世界の範となると考える」と宣言しているのを御存じないのだろうか。原発事故の被災地だからといって、政治利用は「お断り」している。村の人、一人ひとりが実際、何をどう考えているのかを聞いてはどうか。反原発運動であれば、原発事故の被災地の現場からこそ、学ぶべきではないのか。

原発事故で発生した指定廃棄物の最終処分場建設問題が各地で問題になった。宮城県内では栗原市、大和町、加美町の3市町が候補地になったが、3市町とも候補地を返上した。建設どころか候補地も決まらない。そこで加美町の猪股洋文町長は「福島県飯舘村の仮設焼却施設で処分するよう提案した」（2015年12月13日）という。どういうつもりなのか。

同じく指定廃棄物の最終処分場建設をめぐる栃木県の話。栃木県内で候補地に選ばれていた塩谷町の見形和久町長が県内24市町の首長に文書を持参、「福島第1原発周辺に計画されている中間貯蔵施設に、福島県内の廃棄物だけでなく、栃木など5県の指定廃棄物も併せて中間貯蔵すべきだ。原発の廃炉が終了すれば、敷地内に最終処分場を建設するのが適正な方法」と訴えた（2014年11月4、5日）。後日、同様の趣旨で環境相に要望した。栃木県はじめ関東の都県民は、福島の原発でつくった東京電力の電気を使っていたではないか。

宮城県加美町長や栃木県塩谷町長の発言、要望は過去のものとはいえ、人々の記憶から消し去ることはできない。

放射性廃棄物は、どこにも置き場がなくて困っている。しかし、原発の電気を使っていたのは東京電力管内の人たちなのだから、廃棄物を関東に移送し、保管・処理するのが筋だろう。東京湾の埋め立て地にでも置いてはどうか。オリンピック施設の跡地にだってできる。あるいは細かく分散化して各都県民の一般家庭の庭の隅に置いてはどうか。廃棄物を日々、目の前で見ていれば、関東の人たちも原発問題を「ひとごと」ではなく「わがこと」として考えるのではないか。

「電気は欲しい。でも、原発も放射性廃棄物も、自分の所に来るのだけは嫌！」では、原発事故の被災民は、何をどう信じて行けばいいのか。

哲学者・高橋哲哉氏に聞く

犠牲のシステム＝福島原発と沖縄米軍基地問題は構造的差別

原発事故が起きた時、これをどんな言葉で表現、告発すればいいのか、私は迷った。過疎地に原発を造る。「それは差別ではないか」。事故が起きる前から、私はそう思っていた。しかし、声高に「差別」と叫んで、どれほどの人々の理解と共感が得られるだろうか。迷いは募った。

そんな時、哲学者の高橋哲哉氏がこの問題に対してどんな論評を世に発表するのか、その動向を注視していた。彼が原発事故後に刊行した『犠牲のシステム　福島・沖縄』を読んだ。

この本の中で、原発問題の根底にあるのは明確に「差別」と言い切っている。俗っぽい言葉で言えば、まさに「わが意を得たり」であった。

高橋哲哉氏は、私の高校時代（福島高校）の同期生である。成績は常にトップ、秀才の誉れ高く、筆者のような凡才からすれば「雲の上の人」のような存在であった。東京大学に進んでフランス現代哲学を専攻。私学の講師などを経て30歳で母校に戻る。東大・大学院総合文化研究科教授。国内外の政治、社会、歴史問題について幅広く論究、新書版の『靖国問題』はベストセラーとなった。今や日本を代表する論客、哲学者の一人である。「飯舘村にも行った」と本に書いてある。私は、自分の企画する本の内容を伝えた上でインタビューを申し入れた。すると「喜んで引き受けましょう」との返事をいただいた。

福島と沖縄を語る高橋哲哉氏（東大・駒場キャンパスにて）

東大の駒場キャンパスにある研究室を尋ねた。高橋哲哉氏とは高校卒業以来である。何事も淡々と冷静に、理詰めに語る口調は、高校生の頃と変わらなかった。

以下、インタビューの内容をここに収録する。

飯舘村へ来たのはいつ？　福島への思いは

「最初に行ったのは3・11の翌月、4月17日だった。隣の川俣町山木屋地区に以前勤務した経験を持つ友人がいて、車を出してくれた。山木屋小学校横の坂道を上り、峠を越えて飯舘村に入ると、思いのほか広い田んぼの風景が広がっていた（比曽地区）。そこから長泥地区に向かったのだが、既に放射線量が高い地区と分かって立ち入りできず。山を下り、村役場の前に設置された線量計を見た後、南相馬市へ抜けた。国道6号を南下、警察が封鎖する原発事故現場の『警戒区域』の看板まで行ってUターン、その後は南相馬市、相馬市の津波の傷痕を見て歩いた。

飯舘村には以後2回、親しい映画監督らと行っている。緩やかな山並みが続き、緑豊か。本来は飯舘牛が大自然の中でのんびり草を食んでいたであろう。阿武隈山中でもとりわけ美しい村だという印象を受けた。

福島県は、私の故郷である。父親の仕事の関係で県内を転々とした。生まれたのはいわき市の江名、次が東京都、そして福島市、富岡町、会津坂下町、小野町、桑折町、福島市へと移った。高校卒業まで浜通り、中通り、会津地方と福島県の三地方に住んだ。両親は福島市の出身。
原発事故が発生した時、『また福島が割を食った』と直感した。『なぜまたも福島が……』。幕末から明治の変革期、戊辰戦争で敗れた会津藩は『賊軍』とされ、以来、『白河以北一山百文』と見下げられた。福島県の白河より北、つまり東北は一山百文の値打ちしかない貧しい地域だと蔑視した言葉である。明治維新と同じことの繰り返し。原発事故が起き、菅直人首相が『原子力緊急事態宣言』を出した時は、『放射能被害で福島県全部がなくなってしまうのではないか』とさえ思った。胸を締め付けられる思いがした。福島第2原発のある富岡町は、5歳から4年間住んだ所だ。『ひとごと』ではない。福島との個人的なかかわり抜きに、この問題を論じることはできない」

原発を過疎地に造るのは「差別」ととらえてよいか。

「人口密度の低い所に原発を造り、権力と富の集中する中央には造らない。リスクを地方に押し付け、中央で巨大な利益を吸い上げている。原発政策は、中央の地方に対する『構造的差別』である。
福島県は東北電力の管轄地域だが、福島原発は東北電力の原発でなく、東京電力の原発だ。事故は想定外だったのではない。大事故の可能性を想定したからこそ東京湾岸にではなく、福島や新潟の沿岸部に造ってきた。過疎地に立地しているのは、都市で犠牲を出したくないという発想からだ。

しかし、原発事故が起きて初めて東京電力の原発が福島にあるのを知ったという人が、私の周りにもたくさんいた。私自身、日本の原発で事故が起きるとは考えなかった。虚を突かれた。事故が起きてから、福島原発の『恩恵』を享受してきた首都圏の人間の一人として、はじめはそれをどうとらえるべきなのか、大きな戸惑いを感じた。大学入学と同時に福島を離れたこと自体に、一種の罪責意識のようなものすら感じた。私のみならず、戦後日本の高度経済成長で全国の地方から多くの若者が大都市に向かった。その人口移動によって過疎化し、発展から取り残された地方が、例えば福島県の双葉地方が原発の誘致に頼ったのが事故の遠因だったとも考えられる。

かつて広瀬隆さんが『東京に原発を！』の本を出した時はインパクトがあった。首都圏でも反原発の声が上がった。が、やがてマイナー化され、異端視されて行った。東京の人たちは、自らリスクを背負いたくないからだ。巨大な権力と利益の集中する中央の政府と財界は、リスクを地方に押し付け、『絶対安全』というお墨付きを与えつつ国家の運営を推進してきた。しかし福島原発事故でこれが一挙に破綻した。『東京に原発を！』のスローガンは、この問題の本質を言い当てている。『原発を、電気を使うあなた方の居る所に造ったら』と言われれば、東京の人は反論できないはずだ」

「犠牲のシステム」とは

「沖縄の米軍基地問題も、福島原発の問題も、構造は同じだ。

沖縄の基地問題を『構造的差別』の言葉で表現したのは、沖縄大学名誉教授の新崎盛暉《もりてる》さんだ。在日米軍基地の70％が沖縄に集中している。沖縄の人々にとって、押し付けられてきた基地負担であり、戦争が起きれば常に最前線に立たされるリスクを負う。世論調査を見ると、本土の多くの人たちが日米安保体制の維持を支持している。しかし現実には、本土への基地受け入れには反対し、リスクだけ沖縄に肩代わりさせている。本土の人たち個々人には差別意識はなくても、結果として沖縄に基地を封じ込めている。日米安保体制の下、その状態が長年続いてきた、そのこと自体を新崎盛暉さんは『構造的差別』と呼んだ。

安全保障の名の下に置かれた沖縄米軍基地、そして原子力平和利用のスローガンの下に造られた福島原発。私は、その二つの構造的差別を『犠牲のシステム』ととらえ、表現した。犠牲のシステムとは、ある者の利益が、他の者の生活を犠牲にして生み出され、維持される。犠牲にする者の利益は、犠牲にされる者の犠牲なしには生み出されないし、維持されない。それが一度だけのことではなく、継続して制度のような形で成り立っているのを言う。

法の下の平等、幸福追求権、基本的人権、主権者である国民はそれらを憲法によって守られるべきである。人間としての尊厳が冒されるならば、その構造化、システム化は認められないはずだ。何より憲法が作られる以前の問題だ。倫理的、人間的な問題がベースにあって、その上に憲法が作られているのだから。肝心なのは、犠牲のシステムそのものをやめることなのだ。

福島は『フクシマ』という原発問題を表す言葉として世界中に知られることになった。原爆投下を経験したヒロシマ、ナガサキと同じように……。それが人間にとって何を意味するか、福島から声を上げなくてはならない。原発事故に遭うとはどういうことなのかを継続的に発言すべきだ。犠牲にされた側が告発を続ければ、権力側が政策を見直すきっかけになるかもしれない。事故を起こした東京電力や東京電力を指導して来た政府は、きちんと責任を取るべきだし、最後まで被災者への償いをするべきだ。しかし、事故後、脱原発の世論が高まったが、時間の経過とともに『原発推進』に戻って来てしまっている。『あれは福島の事故だから』と、福島だけに囲い込んでしまおうとしている。

『原発事故被災地に居た子供たちは将来どうなるのか、怖くて言えない』と言うお母さんたちもいる。『放射能がうつる。あっちへ行って』と、いじめを受ける子供たちもいる。広島や長崎の時の原爆症の問題と同じだ。公には議論しにくい、放射能汚染問題独特のタブーがある。そこが原発事故の罪深さであろう」

著書などで「本土の私たちは『沖縄基地の県外移設』を受け入れるべきだ」と訴えているが

「人口、面積とも本土の100分の1前後しかない小さな沖縄県に、日本全体の70％もの基地が置かれている。本土の国民が日米安保体制の維持を望むなら、米軍基地の負担とリスクを本土側も負うのが当然ではないか。本土の人々は、沖縄の人々の求める『県外移設』に、真剣に向き合わなくてはならない。福島の人々も東北の人々も、その問題の例外ではない。福島と沖縄は、東日本大震災を機に互いにシンパシーを感じ始めている。福島の人々は原発事故に遭遇し、いくら基地問題で声を上げても政府は聞いてくれないという沖縄の人々の抱えるつらさを実感した。沖縄の人々には、自分たちに似た苦しみを福島の人も味わっているという共感がある。福島も沖縄の闘いに学び、国内の構造的差別をなくし、原発や核、戦争といった犠牲のシステムをなくそうというメッセージを、世界に発信し続けてほしい」

◇

「基地も、原発も、放射性廃棄物も、誰も犠牲を引き受ける覚悟がなく、誰かに押し付ける権利もないとしたら、それを受け入れ、推進して来た国策そのものを見直すしかないのではないか」

4月11日	国が、飯舘村を全村避難の計画的避難区域に設定すると発表
5月14日	飯舘村で計画的避難が開始される
6月6日	いいたて全村見守り隊が、役場臨時職員として村内の防犯パトロールを開始する
6月22日	飯舘村役場機能を、福島市役所飯野支所内へ移転する
9月29日	飯舘村除染計画書を福島県に提出する
12月7日	自衛隊が村役場・本庁舎の除染活動を開始。翌年8月から環境省が本格除染を行う
2012年	
4月6日	川俣町に移転した草野、飯樋、臼石小学校で入学式。福島市に移転した飯舘中学校で入学式
7月17日	避難区域を帰還困難区域、居住制限区域、避難指示解除準備区域に再編する
2013年	
4月1日	佐須の山津見神社拝殿が、火災で全焼する
7月22日	天皇皇后両陛下が、草野・飯樋・臼石小学校、菊池製作所を訪問する
2014年	
4月1日	飯舘村役場・本庁舎が開所式
2015年	
9月24日	環境省が、村の被災家屋の解体に着手する
2016年	
7月1日	飯舘村役場機能を、福島市の仮役場から村内の本庁舎に戻す
2017年	
3月31日	居住制限、避難指示解除準備区域の避難指示が解除される。菅野典雄村長が帰村宣言
8月12日	深谷地区に道の駅「までい館」がオープンする
2018年	
4月	(草野、飯樋、臼石の3小学校と飯舘中学校が、移転先から戻り、学校を再開する)
2020年夏	
	(東京五輪開催)

【関連年表】＝西暦で表記

1697年	相馬藩が7つの郷を設定、山中郷(飯舘村)の飯樋に陣屋を置く
1755年	山中郷、宝暦の飢饉に見舞われる
★1783年	浅間山が大噴火
	天明の飢饉～。藩主に9代・相馬祥胤
1786年	相馬藩、赤子養育仕法を実施する
1808年	常陸・笠間藩で北陸移民を主導した僧侶が自害する
1810年	相馬藩城下・中村に正西寺、鹿島に勝縁寺など浄土真宗寺院が次々と開基。このころ、秘密裏に北陸移民が相馬に入植を始める
1813年	相馬藩元家老・久米泰翁によって北陸移民4戸が相馬へ入植する
1820年	加賀藩、領民の移民化を黙認する
1824年	相馬藩、移民政策を本格開始、移民を対象にした「金主百姓取り立て」を実施する
1829年	相馬藩、移民を対象にした「お頼み百姓取り立て」を実施する
1848年ごろ	奥相志・山中郷編が成る
1852年	山中郷・飯樋村に浄観寺が開基する
1868年	京都で戊辰戦争の戦端が開かれる。江戸無血開城を経て会津戦争へ。秋、会津藩が鶴ケ城を開城する
1871年	廃藩置県。相馬藩が消滅する
1877年	山中郷・草野村に善仁寺が開基する
1941~45年	太平洋戦争
1953年	東北地方、大冷害に見舞われる
1956年9月30日	飯曽村と大舘村が合併し、飯舘村が誕生する
1964年10月	東京五輪が開催される
1971年3月26日	東京電力・福島第1原発1号機が運転開始する
1980年	東北地方が大凶作に見舞われる。飯舘村は皆無作の集落が続出
★2011年	
3月11日	東日本大震災が発生する
3月12~15日	福島第1原発で1、3、4号機が水素爆発を起こす。1、2、3号機が炉心熔融

【参考文献・資料】

『までいの村に陽はまた昇る―飯舘村全村避難4年半のあゆみ』（飯舘村、２０１５年）
『いいたて　までいな復興計画案』（飯舘村、２０１５年）
『いいたて』（飯舘村役場広報委員会、１９６６年）
『天翔けた19妻の田舎もん』（いいたてＷＩＮＧ19企画編集、１９９０年）
『かえせ飯舘村―村民損害賠償等請求事件申立書等資料集』（村民救済弁護団、２０１４年）
『大石芳野写真集「福島ＦＵＫＵＳＨＩＭＡ　土と生きる」』（藤原書店、２０１３年）
『飯舘村史』第１巻・通史、第２巻・資料、第３巻・民俗（飯舘村史編纂委員会、飯舘村、１９７９、77、76年）
『相馬市史』１・通史、２・各論編１論考下巻、５・資料編２（相馬市史編纂会、相馬市、１９８３年、78年、71年）
『相馬藩政史』上・下（今野美寿、東洋書院、１９７９年）
『奥相志・山中郷編』（相馬郷土研究会、２０１４年）
『祥胤公御年譜』（岩崎敏夫校訂、１９８８年）
『益胤公御年譜』（岩崎敏夫校訂、１９８８年）
『相双の歴史』（岩崎敏夫、丁字屋書店、１９５５年）
『二宮尊徳の相馬仕法』（岩崎敏夫、錦正社、１９８７年）
『陸奥中村藩における新百姓取立政策の展開』④・完（岩本由輝、東北学院大学東北文化研究所紀要、１９９９年）
ＤＶＤ映画「土徳流離　奥州相馬復興への悲願」（青原さとし監督、２０１５年）

『相馬移民の歴史に学ぶ』（真宗大谷派正西寺、２０１６年）
『相馬の歴史』（松本敬信、東洋書院、１９８０年）
『もどれない故郷《ふるさと》ながどろ』（長泥記録誌編集委員会編、芙蓉書房出版、２０１６年）
『福島原発で何が起こったか―政府事故調技術解説』（淵上正朗、笠原直人、畑村洋太郎、日刊工業新聞社、２０１２年）
『レベル７　福島原発事故、隠された真実』（東京新聞原発事故取材班、幻冬舎、２０１２年）
『東京に原発を！』（広瀬隆、集英社文庫、１９８６年）
『原発はいらない』（小出裕章、幻冬舎ルネッサンス新書、２０１１年）
『犠牲のシステム　福島・沖縄』（高橋哲哉、集英社新書、２０１２年）
『沖縄の米軍基地』（高橋哲哉、集英社新書、２０１５年）

※東日本大震災、福島第1原発事故発生直後の動きについては『福島民報』、『福島民友』、『河北新報』など東北各紙の報道記事を参考にした。

おわりに

２０２０年・東京五輪、鎮魂の旅

原発事故の避難中に、父が亡くなった（２０１６年11月16日）。82歳だった。葬儀会場は、避難先に近い福島市南郊の斎場。喪主は兄が務め、次男坊の私は参列者への謝辞を述べた。

「本日はご多忙のところ、ご会葬いただき、ありがとうございました。東日本大震災、原発事故、避難生活、そして入院生活と、父の人生の最後は多難でした。最後に飯舘村の自宅に帰ったのは今から2年半前、２０１４年5月4日でした。村で桜の咲く季節、父は兄の押す車椅子に乗り、自分で作った庭園、それから母屋、農作業小屋、牛舎の周りの様子を、目に焼き付けるように見て回っていました。

ふるさとの再生を見ることなく、逝ってしまったことばかりが無念です。骨は故郷のお寺に埋めます。土の中から、ふるさとの再生を見守ってくれるでしょう。残された者は常に前を向く。と同時に、原発事故の本質とは何かを問い続ける。それが父の遺言だと思っています」

原発事故さえなかったら、あと何年かは長生きしただろう。のんびりした村の暮らしから一転して避難生活、アパート、病院、介護施設を転々とした。避難したばかりの頃は、家から持ってきていた軽トラックを運転して、母と一緒に買い物などをした。それが、後半はほとんど車椅子から寝たきりの生活へ。5年半の避難生活は、ストレスとの闘いであった。

遺体は、福島市内の火葬場で荼毘に付した。火葬に立ち会ったのは、私の人生で初めての経験だった。骨を拾うのも、初めてだった。それまで私は、身内が亡くなれば飯舘村の寺で、墓地に穴を掘り、遺体を納めた棺を埋める土葬の葬儀にしか出たことがなかった。土葬から火葬へ。父ばかりでなく、村人の多くは、避難先で埋葬の仕方を切り替えた。

村社会で、最も厳かな儀式は葬儀だった。墓穴を掘るのが大変だった。特に真冬、高冷地なので氷点下、10度、20度にもなれば地面がガチンガチンに凍り付く。そこを2メートル近く掘り起こす。大変な作業で葬儀を出した家の方が、気の毒に思うほどだった。

原発事故で飯舘村の村民は、みな村外に避難した。人が亡くなっても、土葬にするために、村の墓地で穴を掘ってくれる人など、もういなくなった。帰村した人はわずか。村には数多くの縄文遺跡が分布する。人々は何千年前から営々と山棲みの暮らしを営んできた。しかし、何千年か続いたであろう飯舘村の土葬文化は、原発事故を境に消え去ったかのようである。

2017年11月5日、菩提寺の善応寺で父の一周忌を行った。父と母のきょうだい、子や孫たちばかりで集まって、改めて故人をしのんだ。

父は、昭和8年（1933年）に生まれた。農家の長男として家を継ぎ、田畑を耕し、馬や牛を飼い、炭焼きをした。酒もたばこもやらない。若い頃から仕事一筋、真面目一本の人間だった。私は子供の頃、田んぼの中で、父に裸馬に乗せられたことを覚えている。吹雪の山に入り、父と一緒に炭焼き窯に入って炭出しの手伝いをさせられた。顔が黒くなった。それらが、幼い頃の私にとっての父の記憶である。

父は出稼ぎ労働者でもあった。冬場は何年も、東京に行って働いた。1964年の東京五輪を控えた時期、飯舘村は空前の「出稼ぎラッシュ」を迎えた。男たちはみんな連れ立つように東京に出て、建設現場で働いた。父の現場は、神奈川県の石切り場、そして東京の国立代々木競技場だった。神奈川で切り出した石を代々木に運び、そこで石を組み合わせて建物を造ったらしい。村の出稼ぎ仲間10数人で、建設現場で撮った写真が今も残っている。みんな、同じ地区のお父さんたちだ。私の父は30歳、とんがり帽子をかぶった若かりし頃の父の姿がその写真の中にいた。記録によると競技場は1963年2月着工、翌64年9月完成とある。五輪開催は10月、飯舘村の人たちは、すさまじいばかりの突貫工事に駆り出された。

東京五輪では、その国立代々木競技場で競泳が行われた。アメリカのドン・ショランダーが世界記録を次々と塗り替え、四つの金メダルを獲得した。ショランダーの快挙を映したテレビ中継の前で日本中が沸いたのを、当時小学3年生だった私もよく覚えている。

それから16年後、私は大学を卒業して地方の新聞社に入社した。仕事で東京に出張した時、空き時間を利用して山手線・渋谷駅で降り、国立代々木競技場を幾度か見に行った。屋根全体を吊り下げた巻き貝のような形をしたあの建物。著名な建築家・丹下健三による設計だが、「実際に造ったのは、俺のオヤジだ」と心でつぶやき、建物の周りを見て回った。

東京五輪から半世紀過ぎ、父は原発事故で避難生活、入院生活を余儀なくされた。死期が近いと感じた頃、私はベッドの上にいる父に「代々木の競技場、オリンピックで水泳をやった所、あれは父ちゃんが造ったんだよな」と語り掛けた。言葉も不自由になった父は、昔々の記憶をたどるようにして思い起こし、「ウン、ウン」とうれしそうにうなずいていた。

オリンピックは「魔物」である。東京が、五輪開催を機に経済大国に向かってホップ、ステップ、ジャンプ、繁栄の道を歩もうとした時、地方は、とりわけ東北は凋落傾向をはっきりと現出した。東京の繁栄の基礎（インフラ整備）を築いたのは、父たち地方、東北の出稼ぎ労働者であった。五輪施設をはじめ、首都高速、東海道新幹線、いずれも地方から出て働いた人たちが造り上げた血と汗の結晶である。五輪開催後も、東京の繁栄と反比例するように、地方からの人材流出は加速度的に激しさを増した。とりわけ首都圏に近い東北は、人材、食料、エネルギー資源の供給地として、その地位を決定付けられた。過疎化が進み、人口の少ない地域にシワ寄せが来た。首都圏に電力を供給する原発。そこで起きた事故も、所詮はその経過を示す一つの現象にすぎない。本書の原稿を書きながら、出稼ぎ労働者として働き、五輪施設を造り、最後は原発事故の避難先で亡くなった父は、その歴史を体現した人間の一人だったことに、改めて気が付いた。2020年、2回目の東京五輪、そしてパラリンピックが開催される。人材もエネルギー資源も、また東京に流れる。一体、これ以上、東北から何を搾り取ろうというのか。地方は人口流出に歯止めがかからず、疲弊し切っている。むしり取られる物など、もう何も残っていない。

私は巡礼者の装いをして、2020年夏、東京五輪の競技施設の周りを歩いてみようと思う。飯舘村の土で作った花の束を抱いて、その花束を東京の空に舞わそうと思う。東京五輪が終わっても、毎年夏に花束を胸に、命ある限り東京に行って五輪競技場の跡地を巡礼する。「父への慰霊、東京五輪・鎮魂の旅」である。

2020年東京五輪は、東日本大震災、福島第1原発事故からの「復興五輪」のはずだ。憚ることなど、何があろうか。

◇

現代書館の菊地泰博社長は宮城県出身で、大震災と続く原発事故に心を痛め、被災者支援活動もなさっております。本書刊行にもさまざまなご助言をいただき、心より感謝いたします。

2018年2月

■ 著者紹介

佐藤　昌明　（さとう・まさあき）

1955年、福島県飯舘村生まれ。東北大学文学部日本思想史学科卒。新聞社に38年間勤務。東北地方を舞台にした社会的事件や自然保護、歴史、民俗、文化関係を中心に取材活動を行う。山を考えるジャーナリストの会会員。白神逍遙の会代表。

著書に『白神山地—森は蘇るか』『新・白神山地—森は蘇るか』（改訂版）（以上、緑風出版）、『白神山地　目屋マタギ』（グラフ青森）、『ルポ・東北の山と森』（緑風出版、共著）『庄内ワッパ事件』（歴史春秋社）、『仙台藩ものがたり』（河北新報出版センター、共著）、『台湾の霧社事件』（自家版）など。

飯舘《いいたて》を掘《ほ》る——天明《てんめい》の飢饉《ききん》と福島原発《ふくしまげんぱつ》

2018年3月11日　第1版第1刷発行

著　者　佐藤昌明
発行者　菊地泰博
発行所　株式会社 現代書館
102-0072東京都千代田区飯田橋3-2-5
電　話 03（3221）1321
FAX 03（3262）5906
振　替 00120-3-83725
http://www.gendaishokan.co.jp/

印　刷　平河工業社（本文）　東光印刷所（カバー）
製　本　鶴亀製本

本文デザイン・組版・装幀　奥冨佳津枝
地図製作　曽根田栄夫
校正協力・高梨恵一

ISBN987-4-7684-5829-7